中国社会科学院马克思主义理论学科建设与理论研究工程资助项目

居安思危·世界社会主义小丛书

本书为李正华研究员负责的2020年度马克思主义理论研究和建设工程特别委托项目、国家社科基金特别委托项目“中国特色社会主义制度的历史逻辑、理论逻辑、实践逻辑”（项目主持人姜辉、批准号2020MYB003）之子课题“中国特色社会主义制度的历史逻辑”的最终成果

中国社会主义制度简史

李正华　刘　仓　吴　超　著

当代中国出版社
Contemporary China Publishing House

图书在版编目(CIP)数据

中国社会主义制度简史 / 李正华，刘仓，吴超著. -- 北京：当代中国出版社，2024.7

ISBN 978-7-5154-1342-6

Ⅰ. ①中… Ⅱ. ①李… ②刘… ③吴… Ⅲ. ①中国特色社会主义—社会主义制度—研究 Ⅳ. ① D621

中国国家版本馆 CIP 数据核字（2024）第 058610 号

出 版 人 王 茵
责任编辑 刘文科 沈秋彤
责任校对 贾云华 康 莹
印刷监制 刘艳平
封面设计 鲁 娟
出版发行 当代中国出版社
地 址 北京市地安门西大街旌勇里 8 号
网 址 http://www.ddzg.net
邮政编码 100009
编 辑 部 （010）66572156
市 场 部 （010）66572281 66572157
印 刷 中国电影出版社印刷厂
开 本 787 毫米 × 1092 毫米 1/32
印 张 6 印张 1 插页 83 千字
版 次 2024 年 7 月第 1 版
印 次 2024 年 7 月第 1 次印刷
定 价 20.00 元

我们愿做报春鸟

——《居安思危·世界社会主义小丛书》总序

中国社会科学院原副院长
世界社会主义研究中心主任、研究员
李慎明

《居安思危·世界社会主义小丛书》是中国社会科学院世界社会主义研究中心奉献给广大读者的一套普及科学社会主义常识的理论读物，也是我们集中院内外相关专家学者长期研究、精心撰写的一套严肃的理论著作。

为适应快节奏的现代生活，每册书的字数一般限定在4万字左右。这样的篇幅，有助于读者在工作之余或旅行途中一次看完。从2012年7月开始，在10年内，这套小丛书争取推出 100 册左右。

这是一套“小”丛书，涉及的却是国内外重大理论和现实问题。主要介绍科学社会主义基本理论及重要观点的创新、国际共产主义运动中重大历史事件和重要领袖人物（其中包括反面角色）、各主要国家共产党当今理论实践及发展趋势等，兼以回答人们心头常常涌现的相关疑难问题，并以反映国外当今社会主义理论与实践为主，兼顾我国的革命、建设和改革开放事业。

从一定意义上讲，理论普及读物更难撰写。围绕科学社会主义特别是世界社会主义一系列重大理论和现实问题，在有限的篇幅内，把立论、论据和论证过程等，用通俗、清新、生动的语言将事物本质与规律讲清楚，做到吸引人、说服人，实非易事。这无疑是对专业理论工作者的一个挑战。然而，我们愿意为此作出努力。

目前这场正在深化的国际金融危机的总根源，是东欧剧变和苏联亡党亡国之后全球范围内贫富两极的急遽分化。国际金融危机已经整整 10 个年头。但在笔者看来，再过 8 年、10 年，国际金融危机的阴影也仍然挥之不去。主要是因为以“互联网 + 人工智能”等为代表的新的高科技革命和新的生产工具的诞生与发展，极大地提高了全球范围内的社会生产力，但同时也加剧了全球范围内的财富占有和收入分配的贫富两极分化。正如马克思所强调的：在资本主义社会，“文明的一切进步，或者换句话说，社会生产力（也可以说劳动本身的生产力）的任何增长，——例如科学、发明、劳动的分工和结合、交通工具的改善、世界市场的开辟、机器等等，——都不会使工人致富，而只会使资本致富”[①]。这也就是说，在资本主义生产关系框架之内，从总体和本质上说，资本愈是富有，广大劳动群众则必然愈是贫穷；广大劳动群众愈是贫穷，社会的有效需求则必然愈加减少。以美国为首的西方资本主义世界主导的经济全球化，必然使全球范围内广大民众愈加贫穷，社会的相对需求急遽减少。我们还可以作出这样的预言：在未来二三十年内，在全球范围内，大量的智能机器人会更多

① 《马克思恩格斯全集》第 46 卷上册，人民出版社 1979 年版，第 268 页。

地挤占现有的人工工作岗位，无人工厂会如雨后春笋般地在世界各地涌现。这一进程，可能比我们常人所想象的要快得多；其覆盖面，可能比我们常人想象的要更为广阔。试想，资本家都不雇佣工人了，普通百姓都没有工资了，谁来购买这些物美价廉的产品呢？各垄断资本集团之间追寻高额利润的残酷竞争——引发新的高新科技发展特别是智能机器人的普及——导致新的工人大量失业——社会相对需求减少——引发更多工厂破产和工人失业——加剧减少新的社会相对需求——进一步触发新的工厂破产，这一逻辑必然会形成一轮又一轮的恶性循环，不断加剧全球范围内的贫富两极分化。2008 年爆发的国际金融危机在本质上就是资本主义的经济、政治和文化价值观的全面危机，是高度发达的社会生产力即生产社会化乃至生产全球化与现存的生产关系即生产资料被极少数人占有这一资本主义基本矛盾的一次总爆发。历史已经反复证明，这一基本矛盾在资本主义生产关系的框架内根本无法解决。随着这一矛盾的不断发展和深化，可以断言，更大的金融灾难必将在紧随其后的一些年内接连爆发。

凭栏静听潇潇雨，世界人民有所思。这场危机推动着世界各国、各界特别是发达国家和广大发展中国家的普通民众进一步深入思考。可以说，又一轮人类思想大解放的春风已经起于青蘋之末。然而，春天往往会有“倒春寒”，在特定的条件下，人类社会也有可能还会遇到新的更大灾难，世界社会主义还有可能步入新的更大的低谷。但我们坚信，青山遮不住，毕竟东流去。世界社会主义在21世纪中叶前后，极有可能又是一个无比灿烂的春天。我们这套小丛书，愿做这个春天的报春鸟。

“沧海横流，方显出英雄本色。”目前，中国各族人民正更加紧密地团结在以习近平同志为核心的党中央周围，在以马克思列宁主义、毛泽东思想和中国特色社会主义理论体系，特别是习近平新时代中国特色社会主义思想的指引下，沉着、坚定地迈向无比美好的春天。我们对中国共产党和中华人民共和国的社会主义事业充满信心！

现在，各出版发行企业都在市场经济中弄潮，出版社不赚钱就不能生存，但我们希望这套小丛书每册定价要适度，相关方面在获取适当的利润后，让利于普通民众，让普通民众买得起、读得起。买的人多了，发行量大了，就会产生规模效益。

敬希社会各界对这套丛书进行批评指导，同时也真诚期待有关专家学者和从事实际工作的各级领导及各方面的人士，积极为我们撰稿、投稿。我们选取稿件的标准，就是符合本丛书要求的题材、质量、风格及字数。

2018 年 5 月 5 日

目录 CONTENTS

前　言

新中国的成立、社会主义制度的确立，为当代中国一切发展进步奠定了根本政治前提和制度基础。由于在中国建设社会主义是一项前无古人的伟大事业，经验不足，党在领导探索社会主义建设道路的进程中，曾出现过失误、遭受过挫折。中国社会主义建设的实践表明，社会主义制度的建立，并不等于社会主义制度的完善。在社会主义建设过程中，党必须根据不断变化的国情，对妨碍社会主义优越性发挥的具体制度、体制和机制进行不断改革，实现社会主义制度的自我完善和发展。

1978 年召开的党的十一届三中全会开启了改革开放和社会主义现代化建设新时期。以邓小平同志为主要代表的中央领导集体通过总结过去正反两方面经验，认识到我国社会主义社会还处在初级阶段，并从这个实际出发，提出走自己的路、建设有中国特色的社会主义，初步比较系统地回答了在中国这样经济文化比较落后的国家如何建设社会主义、如何巩固和发展社会主义的一系列基本问题，初步形成中国特色社会主义制度，为改革开放和现代化建设提供了坚实制度保障。

在推进中国特色社会主义的伟大实践中，以江泽民同志为主要代表的中央领导集体和以胡锦涛同志为主要代表的中央领导集体，都从理论和实践结合上进一步回答了建设什么样的社会主义、怎样建设社会主义这个根本问题。党的十八大以来，以习近平同志为核心的党中央，统筹推进“五位一体”总体布局、协调推进“四个全面”战略布局，引领中国特色社会主义制度建设进入新时代，推动中国特色社会主义制度不断完善和发展。

中国特色社会主义虽然是在改革开放新时期开创的，但也是在中国革命已经取得胜利、新中国已经建立起社会主义基本制度并进行20多年建设的基础上开创的。中国特色社会主义来之不易。新中国成立后，中国共产党构建了中国特色社会主义制度的核心内容和基本框架，形成了适应发展阶段、符合发展要求的独具特色的制度体系，显示了强大生命力。

中国特色社会主义制度体系的完善发展是一个从具体性改革到总体性改革的过程。1992 年，邓小平就提出用 30 年的时间，在各方面形成一整套更加成熟更加定型的制度。习近平将新中国的制度建设分为两个阶段，他指出："从形成更加成熟更加定型的制度看，我国社会主义实践的前半程已经走过了，前半程我们的主要历史任务是建立社会主义基本制度，并在这个基础上进行改革，现在已经有了很好的基础。后半程，我们的主要历史任务是完善和发展中国特色社会主义制度，为党和国家事业发展、为人民幸福安康、为社会和谐稳定、为国家长治久安提供一整套更完备、更稳定、更管用的制度体系。这项工程极为宏大，零敲碎打调整不行，碎片化修补也不行，必须是全面的系统的改革和改进，是各领域改革和改进的联动和集成，在国家治理体系和治理能力现代化上形成总体效应、取得总体效果。”[①] 这一论述，提出了建立更完备、更稳定、更管用的制度体系这一全面深化改革的新的历史任务和长远战略目标，深刻阐明了完善和发展中国特色社会主义制度的重大意义和实现路径，丰富了现代化的内涵，为中国特色政治制度的完善和发展指明了方向。

① 《习近平关于全面深化改革论述摘编》，中央文献出版社 2014 年版，第 27 页。

第一章　新中国的成立与过渡时期的社会结构

在新民主主义革命时期，中国共产党领导建立革命根据地，领导经济、政治、文化等方面的建设，是建设新民主主义社会的早期实践。中国革命胜利前夕，中国共产党围绕建设什么样的国家、怎样建设国家，做出较为系统的理论探索，为创建新中国绘制了蓝图。中华人民共和国的成立，是中国历史发展和社会发展的新纪元。新中国的成立，建立了具有中国特点的人民民主专政制度，建立了新民主主义经济。1953 年党制定了过渡时期总路线，领导人民进行对生产资料私有制的社会主义改造。1956 年基本确立了社会主义经济制度。习近平指出，中国共产党团结带领全党全国各族人民，“完成了新民主主义革命，建立了中华人民共和国，确立了社会主义基本制度，成功实现了中国历史上最深刻、最伟大的社会变革，为当代中国一切发展进步奠定了根本政治前提和制度基础”[①]。

一、中国社会主义制度的来源

中国社会主义制度具有深厚的历史根源、实践来源和国际参照。习近平指出：“设计和发展国家政治制度，必须注重历史和现实、理论和实践、形式和内容有机统一。”每个国家的政治制度，“都是在这个国家历史传承、文化传统、经济社会发展的基础上长期发展、渐进改进、内生性演化的结果”[②]。中国特色社会主义制度之所以有生命力，是因为它是从中国社会历史发展中成长起来，并吸收了人类历史上优秀的制度成果，创造形成了适合中国国情的制度体系。

革命战争时期的政权建设是中国社会主义制度的实践来源。中国社会制度随着中国社会发展道路而不断发展。中国共产党领导革命和建设的进程，也是逐步创造国家制度的过程。中华苏维埃共和国临时中央政府是党领导人民建立政权、实现局部执政的最初形态。土地革

---

① 《十九大以来重要文献选编》上，中央文献出版社 2019 年版，第 721 页。

② 《十八大以来重要文献选编》中，中央文献出版社 2016 年版，第 59、60 页。

命时期，中国共产党在江西中央苏区建立了中华苏维埃共和国，开始了国家制度和法律制度建设的探索。抗日战争时期，党建立以延安为中心、以陕甘宁边区为代表的抗日民主政权，成立边区政府，按照“三三制”原则，以参议会为最高权力机关，建立各级立法、行政、司法机关。[①] 习近平强调：“新民主主义革命时期，我们党团结带领人民在根据地创建人民政权，探索建立新民主主义经济、政治、文化制度，为新中国建立人民当家作主的新型国家制度积累了宝贵经验。”[②] 这为构建中国社会主义制度提供了实践经验。

中国社会主义制度是近代中国社会制度选择的结果。构建什么样的国家制度，是近代以来中国人面临的历史课题。近代以来，封建制度已经落后于时代。无数仁人志士为探求先进的制度模式，提出了技术救国、革命救国、实业救国、文化救国等方案，尝试君主立宪

① 参见习近平：《论坚持全面依法治国》，中央文献出版社 2020 年版，第 262 页。

② 《习近平谈治国理政》第 3 卷，外文出版社 2020 年版，第 121 页。

制、议会制、多党制、总统制等各种模式，但都以失败而告终。习近平在谈到党带领人民探索政治制度历程时指出：“在中国实行人民代表大会制度，是中国人民在人类政治制度史上的伟大创造，是深刻总结近代以后中国政治生活惨痛教训得出的基本结论，是中国社会一百多年激越变革、激荡发展的历史结果，是中国人民翻身作主、掌握自己命运的必然选择。”①

中国古代社会制度为构建中国特色社会主义制度提供了历史资源。一个国家选择什么发展道路，是由这个国家的历史传承和文化传统决定的。古代治国理政的经验，是国家治理体系的历史传承。习近平说，中华优秀传统文化中“民惟邦本、政得其民，礼法合治、德主刑辅，为政之要莫先于得人、治国先治吏，为政以德、正己修身，居安思危、改易更化”等思想，都为治国理政提供了丰富的经验。②习近平指出，中国“自古以来逐步形成了一整套包括朝廷制度、郡县制度、土地制度、税

---

① 《十八大以来重要文献选编》中，中央文献出版社 2016 年版，第 53 页。

② 习近平：《论党的宣传思想工作》，中央文献出版社 2020 年版，第 88 页。

赋制度、科举制度、监察制度、军事制度等各方面制度在内的国家制度和国家治理体系”[①]。当代中国的国家治理体系，是在我国历史传承、文化传统、经济社会发展的基础上长期发展、逐渐改进、内生性演化的结果。推进国家治理体系和治理能力现代化，需要借鉴历史上治乱兴衰的经验。

苏联社会主义制度是中国社会主义制度的鉴戒。俄国十月革命催生了人类历史上第一个工人阶级政权。列宁领导俄国革命和建设时期，建立无产阶级专政，实施战时共产主义政策和新经济政策，加强党的建设，为无产阶级专政提供了基本结构。第二次世界大战后，苏联计划经济体制成为落后国家仿效的模式。中国参照苏联社会主义模式，进行适合中国国情的社会主义改造，建立起社会主义公有制经济制度。遗憾的是，在改革开放之前，中国没有完全超越苏联社会主义模式。中国的改革，虽然建立了有自己特点的政治体制，但还要建立充

① 《习近平谈治国理政》第 3 卷，外文出版社 2020 年版，第 120 页。

满生机和活力的体制机制。邓小平在总结中国发展经验时说："我们过去照搬苏联搞社会主义的模式，带来很多问题，我们很早就发现了，但没有解决好，我们现在要解决好这个问题，我们要建设的是具有中国自己特色的社会主义。"①

中国特色社会主义是在改革开放的伟大实践中得来的，是在中华人民共和国成立以来的持续探索中得来的，是在党领导人民进行伟大社会革命的百年实践中得来的，是在近代以来中华民族由衰到盛的历史进程中得来的，是从世界社会主义发展进程中得来的，是从中华文明的传承发展中得来的。中国特色社会主义具有深厚的历史来源、理论来源和实践来源。

二、绘制新中国的蓝图

革命的根本问题是国家政权问题。中国革命的目的，是为中国人民谋幸福，为中华民族谋复兴。为实现这个目的，就必须推翻帝国主义、封建主义、官僚资本

---

① 《邓小平文选》第3卷，人民出版社1993年版，第261页。

主义，建立工人阶级领导的以工农联盟为基础的新民主主义共和国，进而建立社会主义国家。解放战争后期，人民解放军转入战略进攻，标志着中国革命发展到转折点。为迎接新中国的诞生，中国共产党召开十二月会议（1947 年 12 月）、九月会议（1948 年 9 月）、七届二中全会（1949 年 3 月）等，毛泽东发表《论人民民主专政》等著作，为人民共和国绘制了蓝图。

关于人民民主专政的国体。所谓国体，是指社会各阶级在国家中所处的地位。在抗日战争时期，中国共产党对新民主主义国家作过论述。在《新民主主义论》中，毛泽东提出："国体——各革命阶级联合专政。政体——民主集中制。这就是新民主主义的政治，这就是新民主主义的共和国。"① 在《论人民民主专政》中，毛泽东精辟地指出："总结我们的经验，集中到一点，就是工人阶级（经过共产党）领导的以工农联盟为基础的人民民主专政。"② 这就是共产党的公式和主要纲领。

---

①《毛泽东选集》第 2 卷，人民出版社 1991 年版，第 677 页。

②《毛泽东选集》第 4 卷，人民出版社 1991 年版，第 1480 页。

关于人民代表大会制的政体。所谓政体，是指国家政权的构成形式，统治阶级采用何种形式组织反对敌人保护自己的政权机关。人民民主专政国家，是以人民代表会议产生的政府来代表它。毛泽东在九月会议上指出："关于建立民主集中制的各级人民代表会议制度问题，我们政权的制度是采取议会制呢，还是采取民主集中制？""我们采用民主集中制，而不采用资产阶级议会制。议会制，袁世凯、曹锟都搞过，已经臭了。"[①] 人民代表大会，是各阶级都不会反对的方案。毛泽东在七届二中全会的总结中强调人民代表会议制度时说："我们不采取资产阶级共和国的国会制度，而采取无产阶级共和国的苏维埃制度。代表会议就是苏维埃。自然，在内容上我们和苏联的无产阶级专政的苏维埃是有区别的，我们是以工农联盟为基础的人民苏维埃。"[②]

---

① 《毛泽东文集》第5卷，人民出版社1996年版，第136页。

② 《毛泽东文集》第5卷，人民出版社1996年版，第265页。

关于新中国的经济制度。毛泽东在十二月会议上指出，没收封建阶级的土地归农民所有，没收蒋介石、宋子文、孔祥熙、陈立夫为首的垄断资本归新民主主义的国家所有，保护民族工商业。这就是新民主主义革命的三大经济纲领。① 在七届二中全会的报告中，毛泽东明确指出："国营经济是社会主义性质的，合作社经济是半社会主义性质的，加上私人资本主义经济，加上个体经济，加上国家和私人合作的国家资本主义经济，这就是人民共和国的几种主要的经济成分，这就构成新民主主义的经济形态。" ②

关于新中国文化形态。新民主主义政治和经济，决定了新民主主义文化。中国共产党领导的共产主义文化思想，是"文化革命"的主力军。中华民族的新文化，"既不是资产阶级的文化专制主义，又不是单纯的无产阶级的社会主义，而是以无产阶级社会主义文化思想为

---

① 《毛泽东选集》第 4 卷，人民出版社 1991 年版，第 1253 页。

② 《毛泽东选集》第 4 卷，人民出版社 1991 年版，第 1433 页。

领导的人民大众反帝反封建的新民主主义”[①]。新民主主义文化是民族的科学的大众的文化。新民主主义的政治、经济和文化相结合，就是新民主主义共和国，就是要造成的新中国。

关于国家结构。所谓国家结构，是指是实行单一制国家，还是联盟制国家的问题。在筹备政协会议期间，毛泽东曾就国家结构形式问题征求李维汉的意见。李维汉认为，中国和苏联国情不同，不宜实行联邦制。理由是：苏联少数民族人口约占总人口的47%。中国少数民族人口约占总人口的6%，汉族和少数民族之间呈现互相杂居或交错聚居状态。中国少数民族在共产党领导下平等联合进行革命，到平等联合建立统一的人民共和国，并没有经过民族分裂。单一制国家结构更符合中国实际情况。在统一国家内实行民族区域自治，更有利于民族平等原则。中央同意这个意见。[②]

① 《毛泽东选集》第2卷，人民出版社1991年版，第706页。

② 中共中央统战部：《民族问题文献汇编（1921.7—1949.9）》前言，中共中央党校出版社1991年版，第10页。

关于中国特色政党制度。所谓政党制度，是指实行一党制、两党制还是多党制的问题，反映各政党在国家政权中的地位和作用。解放战争时期，中国存在三种政党力量，提出三种建国方案，代表三种社会前途。一是国民党反动派代表大地主大资产阶级，坚持内战独裁卖国，主张建立国民党军事独裁统治。二是中国共产党代表工农劳苦大众，坚持团结民主和平统一，主张建立人民共和国，进而实现社会主义。三是代表民族资产阶级的中间党派，主张建立英美式民主政治。中间党派主张的第三条道路，具有先天软弱性，为国民党独裁所不容。1948 年 1 月 5 日，在中国共产党支持下，中国民主同盟领导人沈钧儒等在香港召开民盟一届三中全会。会议宣布不接受解散民盟的任何决定，表示民盟要同共产党合作，“为彻底摧毁南京反动政府，为彻底实现民主、和平、独立、统一的新中国而奋斗到底”[①]！在此前后，中国国民党革命委员会、中国民主建国会、中国民

① 中国民主同盟中央文史资料委员会编：《中国民主同盟历史文献（1941—1949）》，文史资料出版社 1983 年版，第 364 页。

主促进会、中国农工民主党、九三学社、中国致公党、台湾民主自治同盟等，也都表示参加新民主主义革命阵营，承认中国共产党的领导。

中国共产党摹画新中国的制度构想，既不同于西方资本主义三权分立制，也不完全照搬苏联经济和政治模式，各方面都具有中国特色，是对马克思主义国家观的创新发展。毛泽东指出：“就是这样，西方资产阶级的文明，资产阶级的民主主义，资产阶级共和国的方案，在中国人民的心目中，一齐破了产。资产阶级的民主主义让位给工人阶级领导的人民民主主义，资产阶级共和国让位给人民共和国。”①

三、新中国的成立与国家制度的奠基

1949 年 9 月 21 日至 30 日，中国人民政治协商会议第一届全体会议举行。中国人民政治协商会议由中国共产党、各民主党派、各人民团体、各地区、人民解放军、各少数民族、国外华侨及其他爱国民主分子

① 《毛泽东选集》第 4 卷，人民出版社 1991 年版，第 1471 页。

的代表组成，是人民民主统一战线的组织形式。9月27日，全体会议讨论通过《中国人民政治协商会议组织法》《中华人民共和国中央人民政府组织法》和中华人民共和国国都、纪年、国歌、国旗四个决议案。29日，全体会议讨论通过《中国人民政治协商会议共同纲领》(以下简称《共同纲领》)、《中央人民政府副主席和全体委员名额》、《关于选举中国人民政治协商会议全国委员会和中央人民政府委员会的规定》三个议案。30日，全体会议选举出由180人组成的中国人民政治协商会议第一届全国委员会。根据《中华人民共和国中央人民政府组织法》，全体会议选举毛泽东为中央人民政府主席；朱德、刘少奇、宋庆龄、李济深、张澜、高岗为副主席；陈毅等56人为委员。中国人民政治协商会议第一届全体会议完成创建中华人民共和国的历史使命。

《共同纲领》包括序言和总纲、政权机关、军事制度、经济政策、文化教育政策、民族政策、外交政策，共7章、60条，规定了新中国的国家性质和国家制度，以及各领域的基本方针政策。《共同纲领》是中央人民政府的施政纲领和准则。《共同纲领》是新中国的建国纲领，在全国人民代表大会召开和制定宪法之前，起临时宪法作用。关于新中国的性质和任务。《共同纲领》总纲第 1 条规定："中华人民共和国为新民主主义即人民民主主义的国家，实行工人阶级领导的、以工农联盟为基础的、团结各民主阶级和国内各民族的人民民主专政，反对帝国主义、封建主义和官僚资本主义，为中国的独立、民主、和平、统一和富强而奋斗。"[①] 这表明新中国成立之初的国体，是人民民主专政的新民主主义国家，它的任务是彻底完成新民主主义革命，进行国家建设。

《共同纲领》和《中国人民政治协商会议组织法》、《中华人民共和国中央人民政府组织法》，为创建新中国、构建中央政权机构提供基本法律依据，为国家制度奠定法制根基。

① 《建国以来重要文献选编》第 1 册，中央文献出版社 2011 年版，第 2 页。

根据新政协会议和三个基本法律，10月1日，毛泽东主持召开中央人民政府委员会第一次会议。中央人民政府主席、副主席和委员宣誓就职。中央人民政府宣告成立。会议选举林伯渠为中央人民政府委员会秘书长，任命周恩来为中央人民政府政务院总理兼外交部部长，毛泽东为中央人民政府人民革命军事委员会主席，朱德为人民解放军总司令，沈钧儒为中央人民政府最高人民法院院长，罗荣桓为中央人民政府最高人民检察署检察长。会议接受《共同纲领》为政府施政方针，通过《中华人民共和国中央人民政府公告》。随后，毛泽东和出席会议的中央人民政府委员会委员，分别乘车驶向天安门出席开国大典。毛泽东向中国和世界宣告："中华人民共和国中央人民政府今天成立了。"

10月19日，毛泽东主持召开中央人民政府委员会第三次会议，任命中央人民政府和政务院及所属机构、人民革命军事委员会、最高人民法院和最高人民检察署的各主要领导人。10月21日，周恩来主持召开政务院第一次扩大会议，宣布政务院正式成立。10月21日至22日，中央人民政府人民监察委员会、法制委员会、华侨事务委员会、民族事务委员会相继成立。10月22日，最高人民法院和最高人民检察署分别成立。中央人民政府政权机关和组织机构基本建立，为中国政治、社会运转和国家治理提供了制度安排。

中央人民政府成立后，随之也确立了党对国家政权的全面领导制度。参加政府工作的党员，需要建立相应层级的党组织，过党的组织生活。1949年11月9日，中共中央颁布《关于在中央人民政府内组织中国共产党党委会的决定》《关于在中央人民政府内建立中国共产党党组的决定》。两个决定确立中国共产党对整个中央国家机关的领导制度，也为地方党政机关的设立提供了范式。

四、新中国成立初期的制度建设

中央政权机构建立的同时，地方各级政权也逐步建构起来。根据《中华人民共和国中央人民政府组织法》，设立大行政区。1952年11月14日，政务院召开第一五八次政务会议。周恩来作《关于改变大行政区人民政府机构与任务、调整省区建制和增设中央人民政府机构问题的报告》。周恩来说，我国现在的政权机构，有七级之多。要逐步改变为“四实三虚”。四实，即中央、省、县、乡；三虚，即大行政区、专区、区。乡确定为最基层的政权。11 月 15 日，中央人民政府委员会召开第十九次会议通过中央人民政府《关于改变大行政区人民政府（军政委员会）机构与任务的决定》《关于调整省、区建制的决议》《关于增设中央人民政府机构的决议》。截至 1954 年底，全国共有 25 个省（包括待统一的台湾省）、3 个直辖市以及内蒙古自治区、西藏地方和昌都地区。

建立地方各级人民政权。根据《共同纲领》，中央人民政府领导各族人民建立地方各级政权。在新解放区，一律实施军事管制，取消国民党反动政权机关，由中央人民政府或前线军政机关委任人员组织军事管制委员会和地方人民政府。在普选的地方人民代表大会召开以前，由地方各级人民代表会议逐步代行人民代表大会的职权。截至 1951 年 10 月，全国 28 个省、8 个相当于省的行署、154个市和2068个县，其中有27个省、8个行署、146个市和2038个县召开了人民代表会议，而其中的17个省、69个市、186个县的人民代表会议代行人民代表大会的职权，通过民主选举的办法产生省、市、县人民政府的主席、副主席、市长、副市长和县长、副县长，以及人民政府的委员。[①] 截至1953年2月，参加全国各地各界人民代表会议的代表共1363.7万多人，其中由人民直接选举或间接选举的代表数已经逐渐增多，一般地区已经达到代表总数的80%。全国有19个省、85个市、436个县和28万多个乡（村）里面的大部分乡（村），已由各级人民代表会议或乡（村）农民代表会议选举出各该级的人民政府。[②]

新中国的经济结构，逐渐发生有利于社会主义的变化。社会主义性质的国营经济的力量和比重有很大发

① 中共中央组织部、中共中央党史研究室、中央档案馆：《中国共产党组织史资料·中华人民共和国政权组织（1949.10—1997.9）》综述，中共党史出版社2000年版，第5页。

② 周恩来：《政治报告——1953年2月4日在中国人民政治协商会议第一届全国委员会第四次会议上的报告》，《人民日报》，1953年2月5日。

展。1952 年，国营工业在手工业除外的全国工业总产量中占 60% 以上，其中在重工业方面占 80% 左右，在轻工业方面占 50% 左右。在商业经营批发业务方面，有关国计民生的主要商品，如粮食、棉花、纱、布、钢铁、煤、木材、油脂、盐和重要出口商品等，基本上已由国家掌握。全国银行已由国家统一管理。同时，私营工商业由于国营经济机构和国家行政机关采取委托加工订货、合理收购、调整商业等方式加以领导扶助。"五反"运动的开展，使之沿着《共同纲领》所规定的轨道健康发展。农民和手工业者的个体经济已经开始改造。各地农业互助合作运动有了很大发展。在老解放区，组织起来的农户一般占农户总数的 65% 以上；在新解放区，一般占 25%。截至 1952 年底，全国已有 3.4 万多个供销合作社，拥有社员 1.41 亿余人，其收购农产品的数字平均占国家收购总数的 60% 左右。互助合作运动日益成为新民主主义经济的重要因素。①

---

① 周恩来：《政治报告——1953 年 2 月 4 日在中国人民政治协商会议第一届全国委员会第四次会议上的报告》，《人民日报》，1953 年 2 月 5 日。

建立以马克思主义为指导的文化教育。1949年至1956年，是社会主义文化的基本确立和初步建设时期，主要特征是改革旧有文化事业，建设新的文化事业；在社会性质转变过程中，新民主主义文化转变为社会主义文化。《共同纲领》第41条规定，中华人民共和国的文化教育为新民主主义的，即民族的、科学的、大众的文化教育。人民政府的文化教育工作，应以提高人民文化水平，培养国家建设人才，这首先是封建的、买办的、法西斯主义的思想，发展为人民服务的思想为主要任务。[①] 实现新民主主义文化向社会主义文化的转变，是中国共产党面临的重要任务。这首先是肃清帝国主义奴化思想、封建主义思想和批判资产阶级腐朽思想。在思想道德建设方面，随着三大改造运动中人剥削人、人压迫人的旧制度的消除，旧习惯、旧观念也得到涤荡，新的人与人之间的平等、团结、友爱、互助关系得以确立，集体主义、爱国主义、社会主义观念得到发扬。

---

① 《建国以来重要文献选编》第1册，中央文献出版社2011年版，第9页。

新中国成立初期的制度建设，为社会主义制度的确立奠定了政治基础。习近平指出："夺取全国政权后，我们党团结带领人民制定《共同纲领》、1954年宪法，确定了国体、政体、国家结构形式，建立了国家政权组织体系。"[①]

① 《习近平谈治国理政》第3卷，外文出版社2020年版，第121页。

第二章　中国社会主义制度的基本确立

中华人民共和国的成立，标志着新民主主义革命的基本结束和社会主义革命的开始。新中国成立伊始建立的社会，既不是资本主义社会，也不是社会主义社会，而是“属于社会主义体系的和逐步过渡到社会主义社会去的过渡性质的社会。”[①] 新民主主义社会向社会主义的过渡过程，是中国社会主义制度逐步确立的过程。

一、中国社会主义经济制度的确立

新中国成立后，经过土地制度改革、抗美援朝、镇压反革命、恢复和发展国民经济，为逐步过渡到社会主义社会准备了必要条件。1953 年 12 月，中共中央批准由中共中央宣传部制发、经毛泽东审阅修改的《为动员一切力量把我国建设成为一个伟大的社会主义国家而奋

① 《建国以来重要文献选编》第 4 册，中央文献出版社 2011 年版，第 599 页。

斗——关于党在过渡时期总路线的学习和宣传提纲》，公布了过渡时期总路线——“从中华人民共和国成立，到社会主义改造基本完成，这是一个过渡时期。党在这个过渡时期的总路线和总任务，是要在一个相当长的时期内，逐步实现国家的社会主义工业化，并逐步实现国家对农业、对手工业和对资本主义工商业的社会主义改造。这条总路线是照耀我们各项工作的灯塔，各项工作离开它，就要犯右倾或‘左’倾的错误。”[①]“一化”是主体，“三改”是两翼。

根据过渡时期总路线，党和国家领导了对农业、手工业、资本主义工商业的社会主义改造。1956 年，基本完成社会主义改造任务。在全国，组织起了 75.6 万个农业生产合作社，入社的农户占全国农户总数的 96.3%，其中加入高级农业生产合作社的农户占全国农户总数的 87.8%；组织起了约 10 万个手工业合作社和生产合作小组，约占手工业者总数的 92%。在全国资本

① 《建国以来重要文献选编》第 4 册，中央文献出版社 2011 年版，第 602—603 页。

主义工业中，占产值99.6%和占职工总数99%的工业企业，转变为公私合营企业；在全国资本主义商业中，占总户数82.2%和占从业人员总数85.1%的商业企业，转变为国营、合作社营、公私合营企业和合作商店、合作小组。

社会主义改造的基本完成，基本消灭了个体所有制和资本主义私有制，建立起社会主义的集体经济和国营经济，基本上解决了个体经济同社会主义工业化之间的矛盾，基本上解决了资本主义所有制同社会主义所有制之间的矛盾，从而基本上结束了中国几千年来阶级剥削制度的历史，建立起社会主义的社会经济制度。[①]这标志着消灭了剥削阶级社会制度，建立起社会主义经济制度，是中国社会制度的伟大变革。

随着公有制的基本确立，计划管理体制逐渐形成。新中国成立初期，国家实行征收公粮和市场收购粮食两种主要渠道。1953年10月16日，中共中央作出《关

---

① 《建国以来重要文献选编》第10册，中央文献出版社2011年版，第376—377页。

于实行粮食的计划收购与计划供应的决议》。同年 11 月 19 日，政务院通过《关于实行粮食的计划收购和计划供应的命令》，规定了粮食统购统销的具体办法，标志着粮食统购统销制度的确立。粮食统购统销带动了其他主要农产品的统购统销。除粮棉油主要生活资料以外，还包括烤烟、黄洋麻、甘蔗、蚕茧、茶叶、生猪、羊毛、牛皮以及栗子、木材、部分中药材等产品。这样形成涉及整个农业经济的统购统销体制。发展国民经济的第一个五年计划，是进行社会主义建设和改造的行动纲领。“一五”计划的实施过程，也是实施“一化三改”总路线的过程。这反映了我国以公有制为发展方向，以计划经济为运行机制的社会主义经济制度基本确立。

二、中国社会主义政治制度的建构

近代以来，探索什么样的发展道路，进而建立什么样的政治制度，是摆在中国人民面前的历史课题。辛亥革命前后，中国尝试君主立宪制、议会制、多党制、总统制等各种形式，但都没能支撑中国找到富强富裕的道路。历史证明，不彻底打碎旧社会的经济基础和政治制度，照搬西方政治模式，就无法解决近代中国社会两大矛盾，也无法为完成两大历史任务提供制度保障。

1. 建立人民代表大会制度这个根本政治制度

新中国成立前，如何组织国家政权、如何治理国家和社会，是关系国家前途和命运的根本性问题。《共同纲领》为全国实行人民代表大会制度提供了宪法依据。新中国成立后，新解放区通过人民代表会议选举产生地方政权，为全国推行人民代表大会制度铺平了历史通道。

新中国成立后，中国共产党为召开全国人民代表大会做了各种政治准备。1953 年 2 月 11 日，中央人民政府委员会召开第二十二次会议，通过《中华人民共和国全国人民代表大会及地方各级人民代表大会选举法》(以下简称《选举法》)。《选举法》的公布标志着中国社会主义选举制度有了法制依据。《选举法》公布后，1953 年至 1954 年上半年，全国开展第一次全国基层普选。1954 年六七月间，全国 150 个省辖市、2064 个县及县一级的单位和中央直辖市的 170 个区，全部召开人民代表大会会议。1954年7月底到8月中旬，各省、直辖市和内蒙古自治区先后召开人民代表大会。全国25个省、内蒙古自治区和14个中央直辖市共选出全国人民代表大会代表1136人。解放军召开军人代表大会，选出全国人民代表大会代表60人。华侨事务委员会在所召开的有国外华侨代表参加的侨务扩大会议上，选出全国人民代表大会代表30人。总计各地区和各单位所产生的全国人民代表大会代表1226人。此外，台湾应选全国人民代表大会代表，但因尚待解放，名额暂缺。

1954年9月15日至28日，第一届全国人民代表大会第一次会议在北京举行。会议通过了《中华人民共和国宪法》(以下简称《宪法》)、《中华人民共和国全国人民代表大会组织法》《中华人民共和国国务院组织法》《中华人民共和国人民法院组织法》《中华人民共和国人民检察院组织法》《中华人民共和国地方各级人民代表大会和地方各级人民委员会组织法》；通过关于政府工作的报告；选举中华人民共和国主席、副主席；选举第一届全国人民代表大会常务委员会委员长、副委员长、秘书长、委员；选举最高人民法院院长、最高人民检察院检察长；通过国务院总理人选等。

人民代表大会制度是人民民主专政的政权组织形式。一届全国人大一次会议的召开、《宪法》的通过，标志着《共同纲领》代替宪法状态的结束，中国人民拥有了第一部社会主义类型的宪法，为中国人民民主和法制事业发展奠定了基础。全国人民代表大会的产生、召开及其行使职权，标志“建立起中华人民共和国的根本政治制度——人民代表大会制度”①。

2. 中国特色政党制度的发展

一届全国人大一次会议的召开和《宪法》的通过，标志着中国人民政治协商会议代行全国人民代表大会的职能已经完成，人民政协的性质和地位发生变化，人民政协的法律依据、权力责任、组织形式、机构设置等都会发生改变。1954 年 12 月 21 日至 25 日，中国人民政治协商会议第二届全国委员会第一次全体会议举行。陈

---

① 《十八大以来重要文献选编》中，中央文献出版社 2016 年版，第 51 页。

叔通作政协一届全国委员会工作报告，章伯钧作关于中国人民政治协商会议章程（草案）的说明，周恩来作政治报告。会议通过《关于第一届全国委员会工作报告的决议》和《中国人民政治协商会议章程》（以下简称《章程》）。会议推举毛泽东为政协二届全国委员会名誉主席，选举周恩来为政协二届全国委员会主席，宋庆龄、董必武、李济深、张澜、郭沫若、彭真、沈钧儒、黄炎培、何香凝、李维汉、李四光、陈叔通、章伯钧、陈嘉庚、班禅额尔德尼·确吉坚赞、包尔汉 16 人为副主席，邢西萍为秘书长。会议选举政协二届全国委员会常务委员 65 人。政协二届一次会议制定《章程》、选举新的领导机构，标志着政协性质和职能的变化，反映了中国共产党领导的多党合作和政治协商制度的发展。中国形成全国人民代表大会和中国人民政治协商会议并存的政治格局。全国人民代表大会是最高权力机关，中国人民政治协商会议是团结各党派各团体的统一战线组织。依据 1954 年《宪法》，我国还建立了最高国务会议制度（1966 年停止）。它作为国家主席制度的一部分，是执政党和非执政党进行沟通的政治性合作组织。国家主席在必要时组织召开国务会议，协商和研究国家重大事务。

全国人大召开以后，全国许多省、市、县召开地方人民代表大会，选举人民委员会，产生新的领导机构，有的市、县还建立第二届政协地方组织。1955 年 1 月 17 日，中共中央发出《关于统一战线工作的指示》，为地方政协的建立提供了政策支撑。在政协二届全国委员会期间，全国各地共设立 908 个地方委员会。其中省、自治区、直辖市委员会 28 个，市委员会 147 个，盟、自治州委员会 33 个，县、自治县、旗、镇、矿区委员会 643 个，市辖区委员会 57 个。[①] 各级地方委员会在地方统一战线工作中发挥了重要作用。

3. 坚持和发展民族区域自治制度

新中国成立后，国内各民族获得解放，民族压迫问题得到根本解决。这要求用民主主义和民族平等精神来

---

① 李维汉:《中国人民政治协商会议第二届全国委员会常务委员会工作报告》,《人民日报》, 1959 年 4 月 18 日。

解决民族问题，建立国内各民族之间的真正合作，让各民族按照民族区域自治原则自己当家作主，管理自己内部事务。《共同纲领》为实施民族区域自治制度提供法律根据。新中国成立初期，党领导人民对民族名称和民族成分进行识别。从 1950 年至 1953 年，中共中央对少数民族进行调研。1953 年确认了 38 个少数民族。1954 年至 1964 年，在基本掌握各民族族源、历史、现状和语言基础上，又进行较大规模民族识别。1964 年又新确认了 16 个少数民族。至此，我国共有 54 个少数民族（1979 年，我国又确认基诺族为少数民族，至 1979 年我国共有 55 个少数民族）。截至 1952 年 6 月，全国建立各级民族自治区共 130 个，自治区内少数民族人口约计 450 万人。[①] 各自治区的民族实现自己当家作主的权利，自治区的政治、经济、文化、教育等建设事业均发展起来。

1952 年 2 月 22 日，政务院召开第一二五次政务会

---

① 全国人大常委会办公厅研究室编：《中华人民共和国人民代表大会文献资料汇编（1949—1990）》，中国民主法制出版社 1991 年版，第 230 页。

议，原则批准李维汉《有关民族政策的若干问题》的报告，原则通过《民族区域自治实施纲要》（以下简称《实施纲要》）、《各级人民政府民族事务委员会试行组织通则》、《政务院关于地方民族民主联合政府实施办法的决定》、《政务院关于保障一切散居的少数民族成分享有平等权利的决定》。这些文件为建立民族区域自治制度提供了制度和法律遵循。《实施纲要》经 1952 年 8 月 8 日中央人民政府委员会第十八次会议批准，于 9 日公布施行。《实施纲要》共分总则、自治区、自治机关、自治权利、自治区内的民族关系、上级人民政府的领导原则、附则等七章 40 条。《实施纲要》是指导新中国成立初期民族工作的纲领性文件，是推行民族区域自治工作的指针。

一届全国人大通过《宪法》，为民族区域自治提供根本法制保障。《宪法》总纲第 3 条规定："中华人民共和国是统一的多民族的国家。各民族一律平等。禁止对任何民族的歧视和压迫，禁止破坏各民族团结的行为。各民族都有使用和发展自己的语言文字的自由，都有保持或者改革自己的风俗习惯的自由。各少数民族聚居的地方实行区域自治。各民族自治地方都是中华人民共和国不可分离的部分。”《宪法》还对自治区、自治州、自治县的自治机关的组织、权限、权力和工作关系作出规定。

新中国成立前，党就领导成立内蒙古自治区（1947年5月）。《宪法》通过后，又成立新疆维吾尔自治区（1955年10月）、广西僮族自治区（1958年3月，1965年改为广西壮族自治区）、宁夏回族自治区（1958年10月）和西藏自治区（1965年9月）。中华民族实现空前团结和统一，也反映了民族区域自治制度的特点和优势。

三、中国社会主义法律的初步构建

新中国成立初期，党领导人民废除国民党在大陆的旧法统，运用民主革命时期法制建设经验，“抓紧建设社会主义法治，初步奠定了社会主义法治的基础”[①]。

---

①《习近平关于全面依法治国论述摘编》，中央文献出版社2015年版，第8页。

新中国成立，实现了从剥削阶级统治向人民民主专政制度的伟大跨越，人民成为国家和社会的主人，开启了党领导人民制定国家法律的新阶段。新中国成立初期，围绕巩固人民政权和保障社会秩序加强法治建设。毛泽东说，法律“是维护革命秩序，保护劳动人民利益，保护社会主义经济基础，保护生产力的。我们要求所有的人都遵守革命法制”[①]。

从 1949 年到 1954 年一届全国人大召开前，党领导人民颁布实施具有临时宪法性质的《共同纲领》，制定《中央人民政府组织法》《工会法》《婚姻法》《土地改革法》《人民法院暂行组织条例》《最高人民检察署暂行组织条例》《惩治反革命条例》《妨害国家货币治罪暂行条例》《惩治贪污条例》，以及全国人民代表大会和地方各级人民代表大会选举法，有关地方各级人民政府和司法机关的组织、民族区域自治和公私企业管理、劳动保护等一系列法律、法令，开启了新中国民主法制建设的历史进程。

---

① 《毛泽东文集》第 7 卷，人民出版社 1999 年版，第 197—198 页。

一届全国人大一次会议通过第一部《宪法》，同时制定全国人民代表大会、国务院、地方各级人民代表大会和地方各级人民委员会、人民法院、人民检察院等国家机构的组织法，确立了国家政治生活的基本原则。其中，全国人民代表大会是中国独特的社会主义政治制度，而国务院的地位和职权也高于原来的政务院。党的八大提出："国家必须根据需要，逐步地系统地制定完备的法律。"① 截至"文化大革命"前，中国共制定法律、法令130多部。② 这为改革开放后发展社会主义法制奠定了基础。

四、确立马克思主义在意识形态领域的指导地位

坚持马克思主义在意识形态领域的指导地位，是马克思主义中国化时代化的必然要求。毛泽东指出："共产主义是无产阶级的整个思想体系，同时又是一种新的

---

① 《建国以来重要文献选编》第9册，中央文献出版社2011年版，第301页。

② 中华人民共和国国务院新闻办公室：《中国特色社会主义法律体系》，《人民日报》，2011年10月28日。

社会制度。”[①] 共产主义是无产阶级的理想目标、革命运动和社会制度的统一。中国共产党运用马克思主义世界观和社会革命论，取得了民主革命的胜利，创建了人民民主专政的中华人民共和国。中国共产党成为人民共和国的执政党和全国领导核心，必然要求确立马克思主义在国家中的指导地位。马克思指出：“统治阶级的思想在每一时代都是占统治地位的思想。这就是说，一个阶级是社会上占统治地位的物质力量，同时也是社会上占统治地位的精神力量。”[②]

马克思主义的指导地位是由社会主义社会的意识形态状况决定的。新中国成立初期，中国社会刚刚结束半殖民地半封建社会，在经济、政治、道德、思想、意识、风俗等各方面还带有旧社会的影响。肃清帝国主义、封建主义、官僚资本主义思想意识是首要任务。清除旧的习惯势力和思维，用社会主义意识形态取代旧的意识形态，需要马克思主义发挥整合功能，引领整个社

① 《毛泽东选集》第 2 卷，人民出版社 1991 年版，第 686 页。

② 《马克思恩格斯文集》第 1 卷，人民出版社 2009 年版，第 550 页。

会思潮健康发展。

确立马克思主义在思想文化领域的指导地位，是无产阶级领导权在思想文化领域的反映。从思想建设上说，新中国成立初期，组织翻译和出版一大批马克思主义经典著作，出版《毛泽东选集》，开展马克思主义唯物论辩证法的宣传普及工作，推动知识分子思想改造，开展对资产阶级思想的批判等，确立了马克思主义在意识形态领域的指导地位。从法制规范来说，中国人民政治协商会议第一届全体会议通过的《共同纲领》第44条明确指出，“提倡用科学的历史观点，研究和解释历史、经济、政治、文化及国际事务”。[①]“提倡用科学的历史观点”，实际上就是指用马克思主义的观点。一届全国人大通过的《宪法》，进一步明确了社会主义发展方向，载入了人民民主专政的国家政权、社会主义发展方向的道路选择、中国共产党领导地位、人民代表大会制度、中国共产党领导的多党合作和政治协商制度、民族

① 《建国以来重要文献选编》第1册，中央文献出版社2011年版，第9页。

区域自治制度等内容。这些都是以思想文化形式表述的国家政治和经济制度，是国家制度在意识形态领域的体现。毛泽东在一届全国人大一次会议的开幕式上宣布："领导我们事业的核心力量是中国共产党，指导我们思想的理论基础是马克思列宁主义。"①

① 《毛泽东文集》第6卷，人民出版社1999年版，第350页。

第三章　中国社会主义制度的改革尝试和探索发展

社会主义基本制度的确立，标志着中国开始进入全面建设社会主义阶段。单一公有制和高度集中的计划经济体制，增强了政府统筹资源的能力，也带来了对人民需求和市场需求反应迟缓问题。苏共二十大暴露出苏联在政治体制、经济体制和领导体制方面的问题。党的八大前后，党对坚持、发展和完善社会主义制度作出艰难探索。毛泽东发表《论十大关系》《同音乐工作者的谈话》等内部讲话，公开发表《关于正确处理人民内部矛盾的问题》等文献，为中国社会主义制度的改革探索提供了方向。全面建设社会主义时期，党领导人民对经济体制和政治体制做出了诸多探索，积累了许多宝贵的实践经验，也经历了刻骨铭心的教训。

，社会主义社会所有制结构问题。党的八大之，党和国家领导人也看到单一公有制带来僵化的问题，对所有制结构提出若干重要思想。1956年12月7日，毛泽东同民建和工商联负责人谈话时表示，除国营企业和合营企业以外，还可以根据社会需要建立个体经济（夫妻店）、私营经济（地下工厂）、外资经济（华侨投资）等其他经济形式。这是“可以消灭了资本主义，又搞资本主义”的“新经济政策”。毛泽东还提出了发展非公有制经济的长期性问题，强调私营工厂10年、20年不没收，华侨投资的企业20年、100年不没收。[①]

探索经济运行机制。主要是处理好计划和市场的关系问题。陈云提出“三个主体”和“三个补充”的观点。在工商业经营方面，国家经营和集体经营是工商业的主体，个体经营是补充。生产计划方面，计划生产是工农业生产的主体，按照市场变化而在国家计划许可范围内

① 《毛泽东文集》第7卷，人民出版社1999年版，第170页。

的自由生产是计划生产的补充。在社会主义的统一市场里，国家市场是其主体，在国家领导之下，自由市场是其补充。因此，我国的市场，绝不会是资本主义的自由市场，而是适合于我国情况和人民需要的社会主义的市场。[①]

关于国家经济计划管理体制。就计划编制机构来说，国家计划委员会兼管长期计划和年度计划，并且兼管工业行政和基本建设工作，往往忙于编制和修改计划，缺乏系统调查研究，对经济发展规律研究不够。1956 年 5 月 12 日，全国人民代表大会常务委员会第四十次会议通过《关于调整国务院所属组织机构的决议》，决定设立国家经济委员会，承担年度计划工作。[②]1956 年 5 月，《国家计划委员会关于计划分级管理问题的初步意见（草稿）》提出了国家计划系统、分级管理、计划指标以及工业生产、物资供应、劳动工资和干部培养分配等具体计划。该文件还提出工业生

---

① 《陈云文选》第 3 卷，人民出版社 1995 年版，第 6 页。

② 1958 年 9 月 19 日，中共中央决定，年度计划工作移交国家计划委员会，国家经济委员会主要任务是管理工业生产。

产、物资供应、劳动工资和干部培养分配等具体计划规则。[①]1956年9月，李富春在党的八大上就计划分级管理问题指出："凡需要全国统一平衡的各项重要指标，由国家计划委员会、国家经济委员会综合平衡，并报国务院批准后列入国家计划，由国务院统一下达；地方性的、局部性的、属于地区平衡或者各部门自行平衡的各项指标，则由各省（市）、自治区或各部门因事、因地制宜地自行平衡和安排，同时应报国务院备案，以便经过综合，纳入国家计划；其他许多次要的、种类繁多而情况又不易掌握，因而无法一一纳入国家计划的指标，则由地方或者各基层单位自行安排。"[②]

建立以按劳分配为主体的分配制度。刘少奇指出："社会主义制度下的分配问题是一个很重要的问题，这个问题，反映了生产力跟生产关系之间的矛盾，也反映了上层

---

① 中国社会科学院、中央档案馆编：《中华人民共和国经济档案资料选编（1953—1957）》工业卷，中国物价出版社1998年版，第51—56页。

② 《建国以来重要文献选编》第9册，中央文献出版社2011年版，第266页。

建筑跟经济基础之间的矛盾。”[①]有什么样的所有制就有什么样的分配方式。社会主义公有制决定实行按劳分配原则。各尽所能、按劳分配，是社会主义的原则。新中国成立初期，在城镇干部和职工中实行供给制和工资制两种分配方式。1956 年，国务院根据按劳取酬的原则，对企业（包括国营企业、供销合作社企业、全行业公私合营前的公私合营企业）、事业和国家机关的工资制度，进行进一步改革。1956 年 2 月 29 日至 4 月 7 日，劳动部主持召开了全国工资会议。会议讨论有关工资制度中的一些重大政策问题；要求按照“在发展生产和提高劳动生产率的基础上逐步改善职工生活”和“按劳付酬”的原则，改革工资制度。6 月 16 日，国务院全体会议第三十二次会议通过了《关于工资改革的决定》。7 月 4 日，国务院又公布了《关于工资改革方案实施程序的通知》等文件，全面指导各地工资改革工作。国家既然有全民所有制、集体所有制，也就有两种分配制度，分配问题可以有差别。

① 《刘少奇论新中国经济建设》，中央文献出版社 1993 年版，第 336 页。

探索经济管理体制。为贯彻《国务院关于改进国家行政体制的决议（草案）》，1957年1月10日，中共中央决定成立以陈云为组长的中央经济工作五人小组，研究落实这个决议（草案）。1957年9月至10月，党的八届三中全会进一步讨论落实关于改进体制的决策。党的八届三中全会通过陈云代国务院起草的《关于改进工业管理体制的规定（草案）》《关于改进商业管理体制的规定（草案）》《关于改进财政管理体制的规定（草案）》等三个文件。这三个规定（草案）经同年11月8日举行的国务院第六十一次全体会议讨论通过和11月14日一届全国人大常委会第八十四次会议原则批准后正式公布，自1958年起实施。这三个文件的主要精神，是把部分工业管理、商业管理和财政管理的权限，下放给地方行政部门和厂矿单位。受“大跃进”和人民公社化运动的影响，这些文件没有很好地贯彻执行，但为改进中央和地方的关系积累了经验。

二、人民公社制度的建立

建立人民公社是探索经济结构的历史尝试。1958

年，中共中央和毛泽东提出建立人民公社体制。1958年夏季到12月初，全国出现“大办”“大社”情况，有74万多个农业生产合作社，改组成2.6万多个人民公社。参加公社的农户有1.2亿多户，占全国各民族农户总数的99%以上。

农业生产合作社变为大的人民公社，使原有的集体所有制扩大和提高了，带有若干全民所有制的成分。人民公社是公有化程度更高的社会组织。劳动力和生产资料在更大的范围内做统一安排和调度，工农商学兵等各项事业结合发展，创办大量的公共食堂、托儿所、幼儿园、敬老院等集体福利事业，实行工资制和供给制相结合的分配制度，“吃饭不要钱”。人民公社的组织原则是民主集中制，实行统一领导、分级管理的制度。公社的管理机构，一般分为公社管理委员会、管理区（或生产大队）、生产队三级。

大社实行“组织军事化、行动战斗化、生活集体化”和“管理民主化”。人民公社既是工农商学兵相结合的基层单位，又是政权组织的基层单位。中共中央认为，人民公社将成为中国农村由集体所有制过渡到全民所有制的最好的形式；成为由社会主义社会过渡到共产主义社会的最好的形式。当时，中共中央认为，人民公社制度为我国人民指出了农村逐步工业化的道路，农业中的集体所有制逐步过渡到全民所有制的道路。社会主义的‘按劳分配’（即按劳付酬）逐步过渡到共产主义的‘按需分配’（即各取所需）的道路，城乡差别、工农差别、脑力劳动和体力劳动的差别逐步缩小以至消失的道路，以及国家对内职能逐步缩小以至消失的道路”[①]。

“大办”人民公社是中国农村经济社会体制的重大变革，是党探索社会主义建设的重大尝试。其实质是在生产力不发达基础上建立平等、平均、公平、民主的社会。人民公社超越生产力发展水平，实行更高程度的公有制，没有充分尊重等价交换和利用价值规律，严重挫伤了农民的生产积极性，制约了经济社会发展活力。人民公社坚持了集体所有制，却没有建立与之相匹配的经

① 《建国以来重要文献选编》第11册，中央文献出版社2011年版，第521页。

济运行机制，为以后的经济体制改革埋下了伏笔。

三、经济调整时期的体制改革

调整农村经济体制。为纠正“大办”“大社”中的共产风、浮夸风、强迫命令风、生产瞎指挥风和干部特殊化风，1961 年 1 月，党的八届九中全会明确“调整、巩固、充实、提高”的“八字方针”。调整农业政策是国民经济调整的基础。1961 年 3 月，毛泽东在广州中央工作会议上主持起草《农村人民公社工作条例（草案）》。5 月，中共中央在北京召开工作会议，对该工作条例草案进行修改，形成《农村人民公社工作条例（修正草案）》。6 月 15 日，中共中央发出关于讨论和试行《农村人民公社工作条例（修正草案）》的指示。指示说：刮“共产风”，违背社会主义的按劳分配和等价交换的原则，侵犯人民公社的三级集体所有制，侵犯社员个人所有制，就是犯了剥夺农民性质的错误。[①]

《农村人民公社工作条例（修正草案）》共十章，

① 《建国以来重要文献选编》第 14 册，中央文献出版社 2011 年版，第 333 页。

60条（简称“农业六十条”），对农村人民公社的性质、组织和规模、管理机构、管理方式等作出规定。关于人民公社的所有制，该修正草案第2条规定，农村人民公社一般地分为公社、生产大队和生产队三级。以生产大队的集体所有制为基础的三级集体所有制，是现阶段人民公社的根本制度。关于分配制度，第35条规定，生产队必须认真实行按劳分配，多劳多得，避免社员和社员之间在分配上的平均主义。关于所有权和等价交换，第28条规定，所有这些资金、物资、农具、设备、林木、水面和牲畜，都归生产队全权支配，公社和生产大队都不能调用。[①]

1961年6月19日，中共中央发出《关于城乡手工业若干政策问题的规定（试行草案）》（简称“手工业三十五条”）和《关于改进商业工作的若干规定（试行草案）》（简称“商业四十条”），也基本确立国营、集体、个人三级所有制结构，实行按劳分配、等价交换。

① 《建国以来重要文献选编》第14册，中央文献出版社2011年版，第335—357页。

贯彻落实这些政策规定，使“大跃进”和人民公社化运动中被打乱的生产、流通、交换、消费等环节基本恢复。

加强国民经济管理。主要针对“大跃进”期间权限分散、宏观失控局面，加强中央集中统一管理。1961年1月20日，中共中央作出《关于调整管理体制的若干暂行规定》，根据“大权独揽、小权分散”的民主集中制原则，贯彻“八字方针”，对管理体制的调整作出暂行规定：（1）经济管理的大权应该集中到中央、中央局和省（市、自治区）委三级。（2）1958年以来，各省（市、自治区）和中央各部下放给专、县、公社和企业的人权、财权、商权和工权，放得不适当的，一律收回。（3）中央各部直属企业的行政管理、生产指挥、物资调度、干部安排的权力，统归中央主管各部。（4）根据“统一领导、分级管理”的原则，凡属需要在全国范围内组织平衡的重要物资，均由中央统一管理、统一分配；在计划内应该调出的物资，各部门、各地方必须服从国家的统一调度。（5）财权必须集中。各级的预算收支必须平衡，不许有赤字预算。（6）货币发行权归中央。

（7）国家规定的劳动计划，各部门、各地方不许突破。（8）所有生产、基建、收购、财务、文教、劳动等各项工作，都必须执行全国一盘棋、上下一本账的方针，不得层层加码，都必须集中力量，努力完成和超额完成国家计划。[①]

改革企业管理体制。为改变工业企业内部管理，由中央书记处、国家计委、国家经委派出 11 个工作组，分别在北京、上海、天津、太原、吉林等地的工矿企业中调查。1961 年 9 月，发布《国营工业企业工作条例（草案）》（简称“工业七十条”）。该条例（草案）根据对企业“影响最大”的问题，即技术管理、劳动管理、财务管理等方面作了具体规定。9 月 16 日，中共中央发布关于讨论该条例（草案）的指示。指示总结了“大跃进”以来工业企业管理的创造和经验，强调许多企业积累了在党委领导下、经营管理实行厂长负责制的丰富经验；积累了职工代表大会和干部参加劳动、工人参加

① 《建国以来重要文献选编》第 14 册，中央文献出版社 2011 年版，第 87—89 页。

管理的丰富经验；改革了很多不合理的、不利于生产的规章制度；运用了领导干部、工人、技术人员三结合的方法。该条例（草案）分为总则和计划管理，技术管理，劳动管理，工资、奖励、生活福利，经济核算和财务管理，协作，责任制度，党委领导下的厂长负责制，工会和职工代表大会，党的工作等十章，共 70 条。[1]

企业管理体制改革试验中，鞍钢创造了“鞍钢宪法”。1960 年 3 月，中共鞍山市委就工业战线上的技术革新和技术革命运动情况向辽宁省委报告并转报中央。3 月 20 日，毛泽东在中共鞍山市委的报告中批示说，鞍钢过去认为，“用不着再有所谓技术革命，更反对大搞群众运动，反对‘两参一改三结合’的方针，[2] 反对政治挂帅，只信任少数人冷冷清清地去干，许多人主张一长制，反对党委领导下的厂长负责制”。1959 年，鞍钢

---

① 《建国以来重要文献选编》第 14 册，中央文献出版社 2011 年版，第 549—588 页。

② 两参一改三结合，两参，即干部参加生产劳动，工人参加企业管理；一改，即改革企业中不合理的规章制度；三结合，即在技术革新和技术革命运动中实行企业领导干部、技术人员和工人三结合的原则。

“开始相信群众运动，开始怀疑一长制，开始怀疑‘马钢宪法’”。“主张大跃进，主张反右倾，鼓干劲，并且提出了一个可以实行的高指标”。这个报告，“不是‘马钢宪法’那一套，而是创造了一个‘鞍钢宪法’”。[①]中共鞍山市委在报告中说，鞍山地区的技术革新和技术革命形成波澜壮阔的群众运动，其主要特点是：职工干劲很大；首创精神大大发扬；促进生产继续跃进。报告总结的群众运动的经验有：第一，不断地进行思想革命，坚持政治挂帅，破除迷信，解放思想；第二，放手发动群众，一切经过试验；第三，全面规划，狠抓生产关键；第四，自力更生和大协作相结合；第五，开展技术革命和大搞技术表演赛相结合。报告提出，鞍山地区要向高、大、精、尖、新和世界先进水平进军，各种主要技术经济指标要力争赶上和超过国内外先进水平。报告强调，要加强党对技术革新和技术革命运动的领导，要坚持政治挂帅，改进工作方法，大抓技术表演竞赛，不

① 《建国以来毛泽东文稿》第15册，中央文献出版社2023年版，第105—106页。

断搞“文化革命”，培养和壮大科学技术队伍等。

试办托拉斯，是经济调整时期探索经济体制改革的重要举措之一。1960年3月，毛泽东在天津召开的政治局扩大会议上指出：“资产阶级发明这个托拉斯，是一个进步的方法。托拉斯制度实际上是个进步的制度，问题是个所有制，资本主义国家是资本家所有，我们是国有。”[①]1964年8月17日，中共中央、国务院批转国家经委党组《关于试办工业、交通托拉斯的意见的报告》。报告提出第一批工业、交通托拉斯共有12个，其中全国性的有9个、地区性的有3个。包含轻工业部所属的烟草公司和盐业公司；煤炭工业部所属的华东煤炭工业公司；第一机械工业部所属的汽车工业公司；农业机械工业部所属的拖拉机、内燃机配件公司；纺织工业部所属的纺织机械公司；冶金工业部所属的制铝工业公司；化学工业部所属的橡胶工业公司和医药工业公司；地质部所属的地质机械、仪器公司；水利电力部所属的

① 《毛泽东年谱》第7卷，中央文献出版社2023年版，第363页。

京津唐电力公司；交通部所属的长江航运公司。[①] 试办托拉斯，是工业管理体制上的一项重大改革。

国家制度是治理体系的制度依托，治理效能是国家制度的实践结果。新中国的成立和社会主义制度的建立，为中国社会的发展进步提供了根本政治前提和制度基础。总的来说，在 1956 年至 1978 年的 20 多年探索实践中，党领导人民取得革命和建设伟大成就，初步建立了以人民民主专政为核心的政治制度，建立了以公有制为基础的社会主义经济制度，在中国历史上首次实现按劳分配方式，建立了以马克思主义为指导的社会主义意识形态，出现了平等、友爱、团结、互助的新型社会关系和人际关系，使新中国在生产力和生产关系、经济基础和上层建筑的整个社会结构中，都取得旧中国望尘莫及的成就。

---

① 中央档案馆、中共中央文献研究室编：《中共中央文件选集（1949.10—1966.5）》第 46 册，人民出版社 2013 年版，第 346—360 页。

第四章　开创中国特色社会主义并在探索中进行体制初步改革

1978 年，党的十一届三中全会重新确立解放思想、实事求是的思想路线，彻底否定“以阶级斗争为纲”的错误理论和实践，作出把党和国家工作重心转移到经济建设上来、实行改革开放的历史性决策。十一届三中全会以后，以邓小平同志为主要代表的中国共产党人深刻总结我国社会主义建设正反两方面经验，借鉴世界社会主义历史经验，提出必须搞清楚什么是社会主义、怎样建设社会主义这个重大理论和实际问题，深刻揭示社会主义本质，确立社会主义初级阶段的基本路线，明确提出走自己的路、建设中国特色社会主义，科学回答了建设中国特色社会主义的一系列基本问题，创立邓小平理论，成功开创了中国特色社会主义，使中国特色社会主义制度建设站在新的逻辑起点上。

一、提出“建设有中国特色社会主义”命题和确立党在社会主义初级阶段的基本路线

从根本上改变“文化大革命”和长期以来“左”的错误造成的混乱局面，是开创中国特色社会主义制度的重要条件。十一届三中全会后的拨乱反正，最重要的是指导思想的拨乱反正。1981 年 6 月，党的十一届六中全会审议和通过《关于建国以来党的若干历史问题的决议》，对新中国成立 32 年来党的重大历史事件作出了正确的总结和评价，实事求是地评价了毛泽东的历史地位，充分论述了毛泽东思想作为党的指导思想的伟大意义。决议的通过，标志着中国共产党在指导思想上完成了拨乱反正的历史任务。

十一届三中全会后，党认识到改革是坚持和发展社会主义制度的根本手段，是赶上时代步伐、解放和发展生产力的必由之路。为确保改革的正确方向，1979 年 3 月 30 日，邓小平在党的理论工作务虚会上作了题为《坚持四项基本原则》的长篇讲话。他指出：“要在中国实现四个现代化，必须在思想政治上坚持四项基本

原则。这是实现四个现代化的根本前提。这四项是：第一，必须坚持社会主义道路；第二，必须坚持无产阶级专政；第三，必须坚持共产党的领导；第四，必须坚持马列主义、毛泽东思想。”[①] 他旗帜鲜明地提出，坚持四项基本原则是实现社会主义四个现代化的基本前提，如果动摇了四项基本原则中的任何一项，就动摇了社会主义事业和整个现代化建设事业。邓小平对四项基本原则的反复强调，确保了改革开放的健康发展。十一届三中全会后，在总结“文化大革命”教训的基础上，党中央高度重视制度建设，积极推进党和国家领导制度的改革，不断探索改革开放新形势下如何加强党的建设和领导的问题。

十一届三中全会后，党从认识我国社会主义社会所处的发展阶段来分析以往发生失误和曲折的原因。1979年9月，叶剑英在庆祝中华人民共和国成立30周年大会上的讲话指出，我国现在还是发展中的社会主义国

① 《邓小平文选》第2卷，人民出版社1994年版，第164—165页。

家，社会主义制度还不完善，经济和文化还不发达，搞社会主义现代化有一个从初级到高级的过程，社会主义制度还处在幼年时期。初步表达了社会主义初级阶段的思想。1981年6月，党的十一届六中全会通过的《关于建国以来党的若干历史问题的决议》，第一次明确提出“我们的社会主义制度还是处于初级的阶段”[①]。

1982年党的十二大召开，邓小平在开幕词中第一次提出“建设有中国特色的社会主义”科学命题，为中国特色社会主义制度建设做了重要的理论准备。1987年召开的党的十三大的中心任务是坚持和发展十一届三中全会以来的路线，加快和深化改革，进一步确定经济建设、经济体制改革和政治体制改革的大政方针，确定在改革开放中加强党的建设的基本方针。大会的突出贡献，是系统阐述了社会主义初级阶段的理论，明确概括了党在社会主义初级阶段的基本路线。

党的十三大在以往认识基础上明确指出，正确认识

① 《三中全会以来重要文献选编》下，人民出版社1982年版，第838页。

我国社会现在所处的历史阶段是建设有中国特色的社会主义的首要问题，是我们制定和执行正确的路线和政策的根本依据。大会第一次对社会主义初级阶段的科学内涵作了系统阐述，指出这个论断包括两层含义：第一，我国社会已经是社会主义社会，我们必须坚持而不能离开社会主义；第二，我国的社会主义社会还处在初级阶段，必须从这个实际出发，而不能超越这个阶段。

社会主义初级阶段不是泛指任何国家建设社会主义都会经历的起始阶段，而是特指我国在生产力落后、商品经济不发达条件下建设社会主义必然要经历的特定阶段。我国从20世纪50年代生产资料所有制的社会主义改造基本完成，到社会主义现代化的基本实现，至少需要上百年时间，在这一时间段内我国都属于社会主义初级阶段。在社会主义初级阶段中，主要矛盾是人民日益增长的物质文化需要同落后的社会生产之间的矛盾。党和国家的主要任务是发展生产力，推进社会主义现代化建设。社会主义初级阶段理论的提出，为正确理解新中国成立以来的成功和失误提供了一把钥匙，也为坚持改革开放、坚持和发展中国特色社会主义提供了有力的理论武器。

从社会主义初级阶段这一新的认识出发，党的十三大把党在社会主义初级阶段的基本路线概括为：领导和团结全国各族人民，以经济建设为中心，坚持四项基本原则，坚持改革开放，自力更生，艰苦创业，为把我国建设成为富强、民主、文明的社会主义现代化国家而奋斗。它的主要内容被概括为“一个中心，两个基本点”，即以经济建设为中心，坚持四项基本原则，坚持改革开放。实践证明，这条基本路线是党和国家的生命线。坚持这条基本路线不动摇，是中国特色社会主义事业不断取得新胜利的根本保证。

二、开始政治和经济体制改革

十一届三中全会明确提出了政治体制改革的任务。十一届三中全会公报明确指出，我国经济管理体制的一个严重缺点是权力过于集中，应该有领导地大胆下放，应该着手大力精简各级经济行政机构，应该在党的领导之下，认真解决党政企不分、以党代政、以政代企的现象。[1]因此，邓小平说："我们提出改革时，就包括政治体制改革。"[2]十一届三中全会以后，一些在"文化大革命"中受到冲击、被撤销的机构得到了恢复，并开始了党和国家领导制度的改革探索。

为严肃党纪，建立健全监督机构，党的十一届三中全会决定，恢复党的纪律检查机关。全会决定重新设立中央纪律检查委员会，选举陈云为书记。中央纪律检查委员会在中央委员会领导下进行工作，每届任期五年。1982 年党的十二大党章明确了纪委的工作机制和职责，规定党的中央纪律检查委员会在党的中央委员会领导下进行工作，党的各级纪律检查委员会由同级党的代表大会选举产生，并在同级党的委员会和上级纪律检查委员会的双重领导下开展工作。1986 年 12 月，党中央决定恢复国家行政监察体制，组建监察部。1987 年，监察

---

① 全国人大常委会办公厅、中共中央文献研究室编：《人民代表大会制度重要文献选编》二，中国民主法制出版社、中央文献出版社 2015 年版，第 373—374 页。

② 《邓小平文选》第 3 卷，人民出版社 1993 年版，第 176 页。

部正式成立，县以上地方各级人民政府也恢复建立行政监察机关。

为更好贯彻民主集中制原则，1980 年 2 月，党的十一届五中全会决定恢复党的八大确定、并在十年间证明是必要和有效的制度，成立中央书记处，形成了中央中央政治局常委会、中央政治局、中央书记处的领导机构框架。党的十二大通过的党章规定，党中央只设总书记，不设主席，规定总书记是党内最高领导职务，由总书记负责召集中央政治局及其常务委员会会议，并主持中央书记处工作。党章还明确了党的全国代表大会的职权，规定召开全国党代会的程序、规则，确定了它与中央委员会的关系；中央和省一级设顾问委员会；党的各级纪律检查委员会由同级党的代表大会选举产生，并对中央以下的同级党委及其成员实行党章规定范围内的监督，对中央委员会成员违反党纪的行为可以向中央委员会检举。提出了改革领导机构和干部制度，实现干部队伍的革命化、年轻化、知识化、专业化。十二大以后，党的全国代表大会按期召开，各级党组织自上而下恢复建立起来。农村基层党组织的设置逐步健全。在行政机构改革方面，国务院各部门从 100 个减为 61 个，人员编制从原来的 5.1 万人减为 3 万人；明确规定了各级各部门的职数、年龄和文化结构，减少了副职，提高了素质。[①]

为深刻汲取“文化大革命”的教训，顺利推进经济体制改革，1980 年 8 月 18 日，邓小平在中共中央政治局扩大会议上作了题为《党和国家领导制度的改革》的讲话，深刻总结了国内外社会主义国家政权建设的历史经验，特别是中国“文化大革命”的深刻教训，对中国政治体制中存在的主要弊端及其产生的历史和现实原因进行了深刻剖析，阐明了政治体制改革的客观依据。讲话明确强调：“改革并完善党和国家各方面的制度，是一项艰巨的长期的任务，改革并完善党和国家的领导制度，是实现这个任务的关键。对此，我们必须有足够的

---

① 《改革开放以来，国务院机构已进行五次改革深化行政体制改革正逢其时》，《人民日报》，2008 年 3 月 11 日。

认识。”[①] 讲话将我国政治制度分为基本政治制度和具体政治制度，提出了要对这两方面制度进行区分的论断。讲话指出，社会主义制度并不等于建设社会主义的具体做法，这些具体做法在政治制度方面就表现为具体政治制度即政治体制，而在这些具体制度（领导、组织、工作制度）上，还存在不少的弊端，需要加以革除。这一论断，对于准确把握我国政治制度的丰富内涵、推进政治体制改革提供了重要遵循。讲话科学地分析了人和制度的因素在政治中的重要性，既承认人的因素在政治中的极端重要性，又重视制度的作用。讲话精辟地指出："我们过去发生的各种错误，固然与某些领导人的思想、作风有关，但是组织制度、工作制度方面的问题更重要。这些方面的制度好可以使坏人无法任意横行，制度不好可以使好人无法充分做好事，甚至会走向反面。”[②] 因此，邓小平认为，“制度是决定因素”，“领导制度、组织制度问题更带有根本性、全局性、稳定性和长

① 《邓小平文选》第 2 卷，人民出版社 1994 年版，第 342 页

② 《邓小平文选》第 2 卷，人民出版社 1994 年版，第 333 页。

期性”[1]。

这篇讲话敏锐而又深刻地对我国政治体制改革，特别是作为其关键领域的党和国家领导制度的改革作出了系统深入而又精辟明确的论述，成为指导政治体制改革，特别是党和国家领导制度改革的纲领性文件。为了改革制度中的弊端，党中央围绕党的领导制度和党内民主，自上而下地进行了一系列改革探索。设立了中央顾问委员会，推进干部领导职务从终身制走向退休制。探索了党政职能分开，党委领导下的厂长、校长、院长、所长负责制，地方各级党委集体领导和个人分工负责相结合制度，地方各级党代会代表差额选举制度等。

十一届三中全会着重提出了健全社会主义民主和加强社会主义法治的任务。十一届三中全会以后，机构改革、干部人事制度改革、克服官僚主义等，成为改革开放之初被关注的重要问题。随后，废除领导干部职务终身制，调整、精简各级行政机构，完善人民代表大会制

① 《邓小平文选》第2卷，人民出版社1994年版，第333页。

度，发展中国共产党领导的多党合作政治协商制度、民族区域自治制度，推进社会主义民主法治建设等改革，成为政治体制改革的主要内容。

完善社会主义的根本制度和基本制度。人民代表大会制度在“文化大革命”期间一度遭到破坏，改革开放后得到恢复和不断完善。1979 年修订了《地方各级人民代表大会和地方各级人民政府组织法》和《全国人民代表大会和地方各级人民代表大会选举法》。1982 年 12 月，五届全国人大五次会议通过《中华人民共和国宪法》，明确载入中国共产党领导的多党合作和政治协商制度和政协的性质、作用，政协章程也得到了进一步修改完善，设置了各专门委员会；各界代表与党派、团体、特邀人士得以并列，开始使用“界别”的概念等。1982 年《宪法》不仅恢复了 1954 年《宪法》中关于民族区域自治的一些重要原则，而且增加了新的内容。1984 年六届全国人大二次会议通过了《中华人民共和国民族区域自治法》，对民族自治权和自治机关的组成、职责、民族关系等作出了更加具体的规定。[①]中央确立了各民族共同团结奋斗、共同繁荣发展的民族工作主题，强调促进民族团结、实现共同进步是民族工作的根本任务，并做出一系列加强和改进民族工作的重大部署。1982 年《宪法》对城市和农村的居民委员会、村民委员会的性质、产生、职责、与基层政权的关系等都作出了规定。党从我国生产力水平还比较低、国家经过四个“五年计划”建设已建立起独立的比较完整的工业体系和国民经济体系、和平与发展已成为时代主题等实际情况出发，决定改变公有制一统天下的局面和高度集中的计划经济体制，允许私营经济在法律规定的范围内存在和发展。

随着经济体制改革的不断深入，政治体制与经济体制不相适应的问题凸显。1987 年召开的党的十三大明确指出，政治体制改革的近期目标，“是建立有利于提高效率、增强活力和调动各方面积极性的领导体制”；

---

① 《中华人民共和国第六届全国人民代表大会第二次会议文件汇编》，人民出版社 1984 年版，第 81—96 页。

长远目标“是建立高度民主、法制完备、富有效率、充满活力的社会主义政治体制”[①]。大会从党组织更好发挥自身功能的角度出发，提出：“应当改革党的领导制度，划清党组织和国家政权的职能，理顺党组织与人民代表大会、政府、司法机关、群众团体、企事业单位和其他各种社会组织之间的关系，做到各司其职，并且逐步走向制度化。”[②]

党的十一届三中全会至党的十四大，中国政治体制改革的内容涉及许多方面、许多领域，但更多关注的是“文化大革命”结束后所面临的现实问题，着眼点主要是如何从制度上防止“文化大革命”这类历史悲剧重演、实现国家长治久安。改革的核心，主要针对权力过分集中，特别是领导干部个人高度集权问题。重要的改革主要有：倡导解放思想，彻底否定“文化大革命”；强调民主法制，恢复宪法和法律的权威，着手建立国家的法律体系；改革党和国家领导制度，开始进行适度的党政

① 《十三大以来重要文献选编》上，人民出版社 1991 年版，第 365 页。

② 《十三大以来重要文献选编》上，人民出版社 1991 年版，第 36 页。

分开；废除实际存在的领导职务终身制，禁止个人崇拜和个人专制；转变党的执政方式，终止急风暴雨式的政治运动；推行基层民主和党内民主；制定《关于高级干部生活待遇的若干规定》《关于党内政治生活的若干准则》等制度，为反腐败斗争提供制度保障；等等。这一阶段的政治体制改革的理论和实践，深刻地影响和改变了中国的政治发展进程。

坚持按劳分配原则和共同富裕方向。党的十三大进一步阐述了党的十二届三中全会提出的公有制基础上的有计划的商品经济体制，提出要逐步建立起有计划商品经济新体制的基本框架。分配政策既要合理拉开收入差距，又要防止贫富悬殊，坚持共同富裕的方向。

完善按劳分配的基本分配制度。收入分配制度改革始终围绕按劳分配这一主线展开，不断完善分配制度，逐步形成了以税收、社会保障、转移支付等为主要手段的再分配调节机制。改革开放初期，家庭联产承包责任制保障了农民按劳分配的权利，“交够国家的、留足集体的、剩下的都是自己的”，是对改革后的农村收入分配方式的通俗概括。城市出现了个体经济、私营经济、股份制等所有制形式和成分，收入分配制度发生了重大变化，以打破平均主义为突破口，推进落实按劳分配，逐步确立以按劳分配为主体、其他分配方式为补充的分配制度。

三、推动精神文明建设和改革文化、社会体制

社会主义国家，不但要有高度的物质文明，而且要有高度的精神文明。1986 年 9 月，党的十二届六中全会通过《中共中央关于社会主义精神文明建设指导方针的决议》，第一次正式将中国特色社会主义文化建设的根本任务明确表述为“培育有理想、有道德、有文化、有纪律的社会主义公民”的“四有”新人，开启了中国特色社会主义文化建设。

文化事业单位转制“破冰”。1978 年，《人民日报》等 8 家报刊单位提出事业单位实行“事业体制，企业化管理”，这就拉开了我国事业单位改革的序幕。1989 年 1 月，财政部发文，根据事业单位是否有“稳定的经常性业务收入”，将预算内事业单位区分为“全额预算管理”“差额预算管理”“自收自支管理”三种类型，为进

一步推动文化体制分类改革进行了有益探索。

文化市场的初步建立。1988 年，文化部、国家工商总局发布《关于加强文化市场管理工作的通知》，文化部在国务院机构改革中设立了文化市场司，同时明确了文化市场的管理范围、任务、原则和方针。1989 年，国务院批准在文化部设置文化市场管理局，相关部门陆续出台文化市场管理法规，我国文化市场管理体系初步建立，文化市场发展提速并逐渐规范化。

恢复高考、确立义务教育制度。1977 年 8 月，中共中央决定改变“文化大革命”时期推荐上大学的高校招生办法，恢复高考制度。同年 9 月，教育部召开全国高等学校招生工作会议，决定以统一考试、择优录取的方式选拔人才上大学。恢复高考的招生对象包括工人、农民、上山下乡和回乡知识青年、复员军人、干部和应届高中毕业生。恢复高考提升了教育水平，选拔培养了一大批刻苦钻研、富有创造力和求学精神的人才，为改革开放储备了重要人才，使中国的人才培养重新步入了健康发展的轨道，对社会主义现代化建设产生了深远影响[①]。

义务教育是提升国民素质的基础，实现社会公平的起点。1982 年《宪法》第 19 条第 2 款规定，“国家举办各种学校，普及初等义务教育”。1985 年出台的《中共中央关于教育体制改革的决定》，明确提出教育体制改革的根本目的是提高民族素质，这是改革开放后第一个教育改革的纲领性文件。1986 年《中华人民共和国义务教育法》的颁布实施，标志着中国正式确立义务教育制度。

恢复和探索养老保险体系，确立计划生育基本国策。1984 年，城镇启动退休费用社会统筹试点，实行保险费的统一收缴、养老金的统一发放，但覆盖范围有限。到 1990 年底，全国参加城镇职工养老保险在职职工人数仅为 5200 万人，参保的人数不到 1000 万人。1991 年，国务院发布《关于企业职工养老保险制度改革的决定》，实行基本养老保险、企业补充养老保险和

① 当代中国研究所:《中华人民共和国简史（1949—2019）》，当代中国出版社 2019 年版，第 66 页。

职工个人储蓄性养老保险相结合的养老保险制度，开始建立多层次的、社会化的养老保险体系。与此同时，农村养老保险制度的改革也开始探索。1986年,《国民经济和社会发展第七个五年计划（1986—1990）》要求有条件的地区进行农村社会保险的试点探索，随后民政部在全国选择了20个县开展农村养老保险制度改革试点。

1982年，计划生育写入《宪法》成为基本国策。1984年起，逐步形成城市“一孩”政策，有一部分地方的农村实行“一孩半”，少数民族和个别人群有照顾，城乡间、区域间、民族间存在差异的生育政策体系。

四、开创中国特色的精兵之路和提出“一国两制”的伟大构想

改革开放初期，党着眼系统总结历史经验教训，为改革开放和国家长治久安奠定制度基础，探索建立了坚持中国共产党对军队的绝对领导，在形式上党和国家相统一的最高军事领导体制，以宪法形式确立了中央军委主席负责制。这是新的历史条件下国家政治体制和军事

体制的重大改革。1982年《宪法》第93条规定，“中华人民共和国中央军事委员会领导全国武装力量”“中央军事委员会实行主席负责制”。中国共产党中央军事委员会的组成人员就是中华人民共和国中央军事委员会的组成人员，简称为中央军委，在形式上的两个机构实为一体，在保证党对军队的绝对领导的前提下体现党和国家对军队领导的一致性。

“文化大革命”期间，人民解放军在组织编制上存在的一个突出问题就是“臃肿”。为了改变这种状况，中央军委把“消肿”和编制体制改革作为改革开放之初军队整顿的重要任务。1982年2月，中央军委成立体制改革、精简整编领导小组，随后确立对军队体制改革、精简整编的原则：精兵、合成、平战结合、提高效能、增强战斗力。1982年3月，预备役制度得到恢复。1984年5月，全国人大审议通过新的《中华人民共和国兵役法》（以下简称《兵役法》），规定中国实行义务兵与志愿兵相结合、民兵与预备役相结合的兵役制度。

1985年五六月间召开的中央军委扩大会议作出军

队建设指导思想实行战略性转变的重大决策，会议作出减少 100 万军队员额的决策，通过了《军队体制改革、精简整编方案》。1985 年开始的百万大裁军，到 1987 年底基本完成。

为适应未来反侵略战争的需要，中央军委决定恢复总参谋部第四部，增加电子对抗部队的编制；组建陆军航空兵，使其作为一个新的兵种正式诞生。通过百万大裁军，人民解放军朝着机构精干、指挥灵便、反应快速、效率很高、战斗力很强的目标又前进了一大步。此后，根据形势和任务的要求，军队编制体制又进行了一些小的调整，并继续裁减了一些员额。到 1990 年，全军员额已减少到 319.9 万人。[①]

实行新的军衔制度。1984 年新修订的《兵役法》第 9 条规定："中国人民解放军实行军衔制度。"1988 年 7 月，第七届全国人大常委会第二次会议通过《中国人民解放军军官军衔条例》；同年 9 月，国务院和中央

① 中华人民共和国国务院新闻办公室：《中国的军备控制与裁军》，《解放军报》，1995 年 11 月 17 日。

军委颁布《中国人民解放军现役士兵服役条例》。这两个条例的颁布，标志着中国人民解放军新军衔制的诞生。1988年10月1日，人民解放军正式实施新的军衔制度。新军衔制度的实行，标志着人民解放军现代化、正规化建设进入一个新的阶段。

新中国成立后的一段相当长时间内，一直把从士兵中直接选拔干部作为基层干部的首要或主要来源。从1980年起，不再从士兵中直接提拔干部。1988年颁布的《中国人民解放军现役军官服役条例》第8条规定，人民解放军实行经院校培训提拔军官的制度，这就使院校培训干部规范化和制度化。

军队建设重新走上正确的发展轨道，为后来的军队改革创造了有利条件。

1979年元旦，全国人大常委会发表《告台湾同胞书》，表达了中国共产党和中央政府以和平方式解决台湾问题的意愿。1981年9月30日，全国人大常委会委员长叶剑英向新华社记者发表谈话，就台湾回归祖国，实现和平统一，提出了九条方针（简称“叶九条”），这九条方针第一次全面地阐述了中央政府对台湾的政策。1982 年 1 月 11 日，邓小平说，九条方针是以叶剑英副主席的名义提出来的，实际上是“一个国家，两种制度”。这是第一次明确提出“一国两制”的概念。1983 年 6 月 26 日，邓小平提出了解决台湾问题的六条方针，这六条方针集中体现了邓小平运用“一国两制”方式解决台湾问题的构想。“一国两制”，就是在一个中国的前提下，国家的主体坚持社会主义制度，台湾保持原有的资本主义制度长期不变。

第五章　在确立社会主义市场经济体制中推进改革

党的十三届四中全会以后，以江泽民同志为主要代表的中国共产党人带领全党全国各族人民坚持党的基本理论、基本路线，在国内外形势十分复杂、世界社会主义出现严重曲折的严峻考验面前捍卫了中国特色社会主义，依据新的实践确立了党的基本纲领、基本经验，确立了社会主义市场经济体制的改革目标、基本框架和社会主义初级阶段的基本经济制度、分配制度，推进党的建设新的伟大工程，创立“三个代表”重要思想，中国特色社会主义制度不断完善。

一、推进党的建设新的伟大工程和初步建立社会主义市场经济体制基本框架

为了吸取东欧剧变、苏联解体的教训、保持党的先进性和纯洁性，党中央把党的自身建设摆在突出位置。

1992年，党的十四大把“从严治党”写入党章。为了切实贯彻从严治党方针，党中央制定了《中共中央关于加强党同人民群众联系的决定》等文件，建立了党风廉政建设责任制度、领导干部离任审计制度、重大问题集体决策制度、个人重大事项报告制度等。

为了惩治腐败，党中央在坚持高压治腐、查办大案要案的同时，努力探索治本之策。1990年3月，十三届六中全会决定成立巡视工作小组，加强巡视监督。1993年2月，推动实施了监察部与中国共产党中央纪律检查委员会的机关合署办公，强化了监督合力。1993年8月，江泽民第一次提出了反腐倡廉“标本兼治、综合治理”的八字方针。1997年党的十五大报告进一步指出，“坚持标本兼治，教育是基础，法制是保证，监督是关键”[①]，阐明了源头治腐的三个重要维度。

为了加强党的思想建设，党的十五大系统论述了党在社会主义初级阶段的基本路线和基本纲领。十五大

---

① 《江泽民文选》第2卷，人民出版社2006年版，第46页。

通过的党章修正案把邓小平理论确立为党的指导思想之一，明确规定中国共产党以马克思列宁主义、毛泽东思想、邓小平理论作为自己的行动指南。随后，党中央在开展了以讲学习、讲政治、讲正气为主要内容的党性党风教育活动，掀起了学习邓小平理论的热潮。

2000 年 2 月，江泽民首次提出了“三个代表”重要思想。他指出：“我们党所以赢得人民的拥护，是因为我们党在革命、建设、改革的各个历史时期，总是代表着中国先进生产力的发展要求，代表着中国先进文化的前进方向，代表着中国最广大人民的根本利益，并通过制定正确的路线方针政策，为实现国家和人民的根本利益而不懈奋斗。”[①]“三个代表”重要思想是对“建设一个什么样的党、怎样建设党”的科学回答，是对共产党执政规律的深刻总结，是对马克思主义建党学说的重大发展。

为了推动中国改革向前发展，1992 年 1 月至 2 月，

① 《江泽民文选》第 3 卷，人民出版社 2006 年版，第 2 页。

邓小平视察南方并发表重要谈话，提出了计划与市场都是经济手段，不是社会主义与资本主义的本质区别的重要论断。党的十四大明确我国经济体制改革的目标是建立社会主义市场经济体制。1993 年 11 月，十四届三中全会审议通过了《中共中央关于建立社会主义市场经济体制若干问题的决定》，明确了建立社会主义市场经济体制的基本任务和要求。《决定》指出，社会主义市场经济体制是同社会主义基本制度结合在一起的。建立社会主义市场经济体制，就是要使市场在国家宏观调控下对资源配置起基础性作用。建立新体制的目的是最大限度地解放和发展生产力，增强国家的综合国力，提高人民的生活水平。为实现这个目标，必须坚持以公有制为主体、多种经济成分共同发展的方针，进一步转换国有企业经营机制，建立适应市场经济要求，产权清晰、权责明确、政企分开、管理科学的现代企业制度；建立全国统一开放的市场体系，实现城乡市场紧密结合，国内市场与国际市场相互衔接，促进资源的优化配置；转变政府管理经济的职能，建立以间接手段为主的完善的宏观调控体系，保证国民经济健康运行；建立以按劳分配为主体，效率优先、兼顾公平的收入分配制度，鼓励一部分地区一部分人先富起来，走共同富裕的道路；建立多层次的社会保障制度，为城乡居民提供同中国国情相适应的社会保障，促进经济发展和社会稳定。[①]《决定》提出了建立社会主义市场经济体制的总体规划，勾画了社会主义市场经济体制的基本框架，回答了改革实践中提出的许多重大问题，是建立社会主义市场经济体制的纲领性文件。《决定》的通过，标志着中国经济体制改革开始向建立社会主义市场经济体制的目标整体性推进。

按照党的十四大和十四届三中全会的要求，中国加快了建立社会主义市场经济体制的步伐。经过不懈努力，到2000年，中国成功实现了由计划经济体制向社会主义市场经济体制的转变，社会主义市场经济体制基本框架初步建立。其主要表现在四个方面：（1）国有

① 《十四大以来重要文献选编》上，中央文献出版社2011年版，第452—466页。

大中型企业建立现代企业制度的改革取得重要进展，三年脱困的目标基本实现；在公有制经济进一步发展的同时，非公经济得到较快发展，多种所有制经济共同发展的格局迅速形成；（2）市场体系建设继续推进，资本、技术、劳动力等要素市场迅速发展，以市场价格为主的价格形成机制逐步建立，到2000年，市场调节价在社会商品零售总额、农副产品收购总额和生产资料销售总额中所占比例分别达到95.8%、92.5%和87.4%[①]，市场在资源配置中的基础性作用明显增强；（3）政府经济职能转变与财税体制改革继续深化，金融改革步伐加快，国家宏观调控体系进一步健全；（4）以养老、失业、医疗保险为主要内容的社会保障体系初步建立，城镇住房制度等方面改革取得重大进展。

社会主义市场经济体制的初步建立，意味着中国经济发展的体制环境发生重大变化。“在社会主义条件下发展市场经济，是前无古人的伟大创举，是中国共产党

① 中共中央党史研究室：《中国共产党的九十年》，中共党史出版社、党建读物出版社2016年版，第847页。

人对马克思主义发展作出的历史性贡献，体现了我们党坚持理论创新、与时俱进的巨大勇气。由计划经济体制向社会主义市场经济体制的转变，实现了改革开放新的历史性突破，打开了我国经济、政治和文化发展的崭新局面。”①

二、完善社会主义政治制度和实施依法治国基本方略

不断健全和完善三大政治制度。1995 年，八届全国人大常委会通过了修改选举法和地方组织法的两个决定。修改后的选举法，缩小了农村与城市每一个代表所代表的人口数的比例；修改后的地方组织法，进一步完善了地方各级人大选举和决定国家机关组成人员的程序。党的十五大之后，地方各级人大选举当地党委书记担任常委会主任成为趋势。党中央还在市、县进行党的代表大会常任制的试点，积极探索党的代表大会闭会期间发挥代表作用的途径和形式。民主监督制度进一步完善。第八届全国人大常委会第三次会议通过了《关于加

---

① 《十六大以来重要文献选编》上，中央文献出版社 2005 年版，第 5 页。

强对法律实施情况检查监督的若干规定》，全国人大和地方各级人大在履行监督职能时，重点加强对法律执行情况的监督检查，保证了宪法和法律的有效实施。全国人大常委会听取“一府两院”工作报告形成制度。各级政府聘请民主党派成员、无党派人士担任特约监察员、检查员、审计员和教育督导员等职务，对政府工作进行监督。群众监督和舆论监督也得到进一步加强。1989年出台了《关于坚持和完善中国共产党领导的多党合作和政治协商制度的意见》，明确强调必须坚持中国共产党领导的多党合作和政治协商制度。1993年，第八届全国人民代表大会第一次会议将“中国共产党领导的多党合作和政治协商制度将长期存在和发展”载入宪法①，中国多党合作制度有了明确的宪法依据。1994年3月，全国政协八届二次会议修订了《中国人民政治协商会议章程》，第一次把“参政议政”与原来的“政治协商和民主监督”并列为人民政协的主要职能，使人民政协的

① 《十四大以来重要文献选编》上，中央文献出版社2011年版，第181页。

主要职能得到了拓展和延伸，内容更加丰富。2001 年 2 月，第九届全国人大常委会第二十次会议审议通过了《关于修改〈中华人民共和国民族区域自治法〉的决定》，进一步坚持和完善了民族区域自治制度。

基层群众自治活跃和发展。1998 年 11 月，第九届全国人大常委会第五次会议通过新修订的《中华人民共和国村民委员会组织法》，从法律上进一步确立了村民自治作为我国一项政治制度的地位。2000 年 11 月，中共中央办公厅、国务院办公厅转发《民政部关于在全国推进城市社区建设的意见》，为社区建设的全面推进指明了方向。1999 年 9 月，党的十五届四中全会作出《关于国有企业改革和发展若干重大问题的决定》，有力地保障了职工在企业管理中的民主权利，促进了基层民主的健康发展。

加强和改善了党的领导。党中央强调，必须深入贯彻民主集中制，坚持党委总揽全局、协调各方的原则，规范党委与人大、政府、政协以及人民团体的关系。1999 年，中共中央部门机构改革，中共中央领导机构确定由中央委员会（包括中央政治局常委会、中央政治局、中央书记处），中央纪律检查委员会和中央军事委员会这三个委员会组成。中央委员会是党中央的决策部门和执行部门，由其选举产生的中央政治局、中央政治局常委会为中央决策机构，中央书记处为中央执行机构。中央纪律检查委员会是党中央的监督、检查部门。中央军事委员会是党中央的军事领导部门。这三个委员会的职能各有分工而又统一在中央委员会的领导之下，构成了中共中央领导框架。

持续推进行政体制和机构改革。转变政府职能成为行政管理体制改革的重点。1993 年、1998 年国务院先后进行了两次机构改革。1999 年 1 月，中共中央和国务院制定了《关于地方政府机构改革的意见》，启动了地方政府机构改革。各省、自治区、直辖市的政府机构按照国务院的精简比例进行了精简，市县一级政府机构按照 20% 的比例进行了精简。通过改革，各级政府机构的办事效率大幅度提高，为推动社会主义市场经济的发展奠定了坚实基础。

深化干部人事制度改革。从1995年起，各地逐步试行面向社会公开招考党政领导干部的做法，一大批德才兼备、年富力强的领导人才脱颖而出。2000年6月，中共中央颁发《深化干部人事制度改革纲要》。这是新中国成立以来第一次作出干部人事制度改革的总体规划，标志着我国干部人事制度改革的进一步深化。纲要指出，要通过不断推进和深化干部人事制度改革，到2010年，逐步建立起一套与建设有中国特色社会主义经济、政治、文化相适应的干部人事制度。2002年7月，中共中央正式颁布《党政领导干部选拔任用工作条例》，标志着领导干部选拔工作向制度化、规范化、程序化迈进了一大步。通过深化干部人事制度改革，一支高素质的专业化行政管理干部队伍开始形成。

党的十五大明确提出，要“进一步扩大社会主义民主，健全社会主义法制，依法治国，建设社会主义法治国家”①。在党的历史上第一次确立了“法治”概念。

---

① 《十五大以来重要文献选编》上，中央文献出版社2000年版，第30页。

1999 年，九届全国人大二次会议将“依法治国，建设社会主义法治国家”写入宪法，使之成为党领导人民治理国家的基本方略。

依法治国基本方略的提出和建设社会主义法治国家奋斗目标的确立，是新时期法治建设史上的重要里程碑。以此为标志，中国法治建设进入以贯彻和实施依法治国基本方略为主要内容、以建设社会主义法治国家为奋斗目标的新阶段，法治建设不断取得新成就。

在立法工作方面，1993 年和 1999 年，全国人大对 1982 年《宪法》作了两次重要修订，到 2003 年 3 月九届全国人大任期结束前，构成中国特色社会主义法律体系的各个法律部门已经齐全，每个法律部门中主要的法律已基本制定出来，中国特色社会主义法律体系初步形成。[①]

在依法行政方面，1989 年 4 月，《中华人民共和国行政诉讼法》的制定与实施，标志着行政诉讼制度的正

① 李鹏：《全国人民代表大会常务委员会工作报告》，《人民日报》，2003 年 3 月 22 日。

式确立，依法行政开始进入重视保护公民权利和监督行政权力的新阶段。1994 年 5 月，《中华人民共和国国家赔偿法》的颁布，确立了国家赔偿的法律制度，在保障公民的基本权利和促进国家机关及其工作人员依法行使职权方面迈出重要步伐。1996 年 3 月通过的《中华人民共和国行政处罚法》是关于行政处罚制度的第一部通则性法典。1999 年 4 月通过的《中华人民共和国行政复议法》，把行政复议制度作为行政机关内部自我纠正错误的一种监督制度，加以法律化和规范化。通过建立这些法律制度，各级人民政府的行政权力逐步纳入法治化轨道，依法行政的观念在国家行政机关及其工作人员中基本确立。

在司法和司法行政工作方面，刑事、民事、经济、行政、海事等各项审判工作全面开展。检察工作得到很大发展。健全司法和司法行政机关组织机构，拓展工作领域，加强队伍建设，司法和司法行政工作得到持续发展。在普法工作方面，从 1986 年起，全国人大常委会实施普及法律知识的五年规划。到 2002 年党的十六大召开前，连续实施了三个五年普法规划。这些都促进了社会主义法治国家建设的进程。

三、发展社会主义先进文化和加强与创新社会治理

为了加强新形势下社会主义精神文明建设，1996年10月，党的十四届六中全会作出《关于加强社会主义精神文明建设若干重要问题的决议》。1997年4月成立了中央精神文明建设指导委员会。1997年党的十五大提出建设“有中国特色社会主义文化”的新命题，并把它作为党在社会主义初级阶段基本纲领的重要组成部分。这些举措推动社会主义精神文明建设取得积极进展和明显效果。

有关部门开展了“五个一工程”[①]奖评选活动，实施

① “五个一工程”，指的是一本好书、一台好戏、一部优秀影片、一部优秀电视剧（片）、一篇或几篇有创见有说服力的文章。从1995年起，一首好歌和一部好的广播剧也被列入评选范围。

中国青年志愿者行动、“希望工程”[①]“春蕾计划”[②]，发起“救孤计划”[③]等活动，在全社会进一步弘扬了扶危济困的美德。党的十四届六中全会后，以创建文明城市、文明村镇、文明行业为主要内容的群众性活动在全国各地进一步开展，一些窗口行业还开展了“为人民服务，树行业新风”等活动，收到良好效果。

2001年9月，中共中央印发《公民道德建设实施纲要》，提出要把法治建设与道德建设、依法治国与以德治国紧密结合起来，通过公民道德建设的不断深化和拓展，逐步形成与发展社会主义市场经济相适应的社会

---

① “希望工程”，是共青团中央、中国青少年发展基金会以救助贫困地区失学少年儿童为目的，于1989年发起的一项公益事业，其宗旨是建设希望小学，资助贫困地区失学儿童重返校园，改善农村办学条件，促进基础教育的发展。

② “春蕾计划”，是一项旨在帮助贫困地区失学女童重返校园接受学校教育的爱心工程。1989年，在全国妇联领导下，由中国儿童少年基金会发起并组织实施。为了加强女童素质教育，培养女童自力更生建设家乡的本领，中国儿基会还设立了“春蕾计划实用技术培训专项基金”。

③ “救孤计划”，是在民政部指导下，中国社会服务促进会于1993年10月推出的。它主要面向社会募集款物，对孤儿进行助养助学，改造福利院危旧房屋，添置医疗设备，致力于提高孤儿素质。

主义道德体系。

党的十五大以后，中国特色社会主义文化建设以实施“精品战略”为核心，通过加强管理深化文化体制改革。国家陆续制定和完善出版、印刷、音像制品、营业性演出以及广播电视等方面的管理条例，为文化精品进入市场提供法律保障和政策扶持，使健康的文化产品占据文化市场的主导地位。文化体制机制和传播手段不断改革创新，在经营性文化事业单位转企改制、完善文化工作管理体系、建设现代文化市场体系和文化政策法规体系等方面也取得显著进展。

实施科教兴国战略，把科技和教育纳入优先发展的战略地位，致力于建设国家创新体系，优化教育结构，大力加强基础教育，增强高等教育综合实力，并促进教育同经济、科技密切结合，积极探索建设面向 21 世纪的中国特色社会主义科技与教育体系。1989 年颁布的《社会团体登记管理条例》，确定了对社团的双重管理制度。1998 年，国务院又修订了该条例，并颁布《民办非企业单位登记管理暂行条例》，正式形成“双重管理”

的体制框架。

为了满足人民群众的医疗卫生健康需求，1998 年开始推行医疗保险制度改革、医疗卫生体制改革以及药品生产流通体制改革“三项改革”。1994 年末，全国城镇职工基本医疗保险参保人数仅为 400 万人，到 1999 年末大幅增长到 2065 万人。

20 世纪 90 年代，国有企业改革全面推进，为妥善解决下岗失业人员基本生活保障问题，失业保险制度改革的进程开始加速。1999 年，国务院发布了《失业保险条例》，失业保险制度加快发展，到年底时全国参加失业保险人数接近 1 亿人。1996 年，工伤保险制度开始建立，保险费用由用人单位缴纳。生育保险为怀孕和分娩的妇女劳动者提供生育津贴和医疗、休假等服务。改革开放之前建立的生育保险作为劳动保险的一部分，由企业负担各项费用，保障水平较低。1994 年，《企业职工生育保险试行办法》颁布实施，明确以社会保险的形式提供生育保障。

2001 年，《人口与计划生育法》的颁布实施，标志着计划生育工作进入法治新阶段，人口政策理念从“控制”转向“服务”。

1999年，国务院颁布《住房公积金管理条例》，住房公积金制度纳入法治化轨道。

1993年，党的十四届三中全会提出，城镇职工养老保险金由单位和个人共同负担，实行社会统筹和个人账户相结合[①]。1997年，国务院颁布《关于建立统一的企业职工基本养老保险制度的决定》，城镇养老保险制度全面实施。农村养老保险采用个人账户积累方式（后来称为“老农保”），到1997年末，全国2008个县、285个地市已开展试点工作，参保农民达到8000万人[②]。

主要面向城乡特殊困难人群，先后建立了农村五保供养、特困人员救助、城市“三无”人员救济和福利院供养制度。1994年，国务院颁发《农村五保供养工作

---

① 《改革开放以来历届三中全会文件汇编》，人民出版社2013年版，第74页。

② 蔡昉、高文书主编：《中国劳动与社会保障体制完善与发展道路》，经济管理出版社2013年版，第272页。

条例》，对农村“三无”人员提供吃、穿、住、医、葬五个方面的生活照顾和物质帮助。1999 年，《城市居民最低生活保障条例》颁布实施，开始在全国范围建立城市最低生活保障制度。

为了保障城乡人口自由、有序流动和公平权益，1997 年，公安部颁布了《小城镇户籍管理制度改革试点方案》，允许已经在小城镇就业、居住并符合一定条件的农村人口在小城镇办理城镇常住户口。

四、推进中国特色军事变革和推进祖国统一大业

20 世纪 90 年代以来，中共中央顺应世界军事变革发展趋势，积极推进中国特色军事变革，推动军队建设逐步走上以信息化带动机械化、以机械化促进信息化的复合式发展道路，开始进行一次新的重大变革。

1995 年 12 月，中央军委扩大会议提出“两个根本性转变”的战略思想，即军事斗争准备由应付一般条件下局部战争向打赢现代技术特别是高技术条件下局部战争转变，军队建设由数量规模型向质量效能型、由人力密集型向科技密集型转变。这是对人民解放军建设新模

式的确定。在这个战略思想指导下，1997 年 9 月，党的十五大宣布中国在 20 世纪 80 年代裁减军队员额 100 万的基础上，将在 3 年内再裁减军队员额 50 万。通过精简和调整，陆军部队的比重下降，海军、空军、第二炮兵部队的比重上升，初步达到精简员额、收缩摊子、优化结构的目的，为进一步实现“精兵、合成、高效”创造了条件。

调整装备管理体制和后勤保障体制。1998 年 4 月，中央军委决定成立总装备部。随后，军区和军兵种机关以及部队的装备部门也做出相应调整，逐步建立起新的武器装备管理体系。这次调整，形成了总参谋部、总政治部、总后勤部、总装备部四总部体制。1998 年，中央军委作出先实行军区联勤体制，再逐步向大联勤体制过渡，最终建立三军后勤保障一体化体制的战略决策。全军从 2000 年 1 月 1 日起试行三军联勤体制。

为培养高素质军事人才，中央军委对全军院校体系进行了大规模调整：建立新型院校结构，完善干部培训体制，构建与军事、科技、教育发展相适应的教学体系，军地并举、开放办学。军事人才培养逐步走上军队培养和依托国民教育并行的道路，使全军各级指挥员的专业文化素质大为提高。

适应改革开放和社会主义市场经济新形势，1998年12月，第九届全国人大常委会第六次会议通过关于修改兵役法的决定，对兵役制度作了重大调整，把志愿兵制度提升到与义务兵制度同等重要的地位，缩短了义务兵服现役期限，完善了预备役制度。1999年6月颁布新修订的《中国人民解放军现役士兵服役条例》，对现役士兵服役制度特别是士官制度进行了重大改革。

1993年，中央军委作出整顿军队生产经营的决定，收缩生产经营的摊子，控制范围。1998年7月，中共中央作出决定，坚决、彻底地停止军队、武警部队的一切经商活动。这是从军队长远建设和国家大局出发作出的重大决策，对于维护军队良好形象、密切军政军民关系、提高军队的凝聚力和战斗力，具有十分重要的意义。

“一国两制”的构想首先是针对台湾问题提出来的，

但付诸实践首先是被用来解决香港、澳门问题。1997年7月1日、1999年12月19日香港、澳门先后回归祖国，“一国两制”从科学构想变成了生动实践。通过外交谈判并以“一国两制”的方式解决香港、澳门问题，是中国人民为世界和平与进步事业作出的重要贡献。

党中央稳步推进海峡两岸关系发展。1993年8月，国务院新闻办公室发表《台湾问题与中国的统一》白皮书，把“和平统一、一国两制”的方针概括为“一个中国、两制并存、高度自治、和平谈判”四个基本点，并把一个中国原则表述为：世界上只有一个中国，台湾是中国不可分割的一部分，中央政府在北京。

1995年1月，江泽民发表《为促进祖国统一大业的完成而继续奋斗》的重要讲话，提出现阶段发展两岸关系、推动祖国和平统一进程的八项主张：（1）坚持一个中国原则；（2）对于台湾同外国发展民间性经济文化关系，我们不持异议；（3）进行海峡两岸和平统一谈判，是我国的一贯主张；（4）努力实现和平统一，中国人不打中国人；（5）大力发展两岸经济交流与合作，以利于两岸经济共同繁荣，造福整个中华民族；（6）两岸同胞要共同继承和发扬中华文化的优秀传统；（7）充分尊重台湾同胞的生活方式和当家作主的愿望，保护台湾同胞一切正当权益；（8）中国人的事我们自己办，不需要借助任何国际场合。这个讲话，既体现了中国政府完成祖国统一大业的坚定决心，又充分考虑到2100万台湾同胞的愿望和台湾的实际情况，进一步明确了和平解决台湾问题的方针政策，为发展两岸关系、推动祖国统一开辟了新的前景。

第六章　在全面建成小康社会进程中推进制度创新

党的十六大以后，以胡锦涛同志为主要代表的中国共产党人，抓住重要战略机遇期，在全面建成小康社会进程中，成功在新形势下坚持和发展了中国特色社会主义。

一、提出全面建成小康社会目标和完善社会主义市场经济体制

在我国初步建立起社会主义市场经济体制，人民生活总体上达到小康水平的基础上，2002 年党的十六大提出全面建成小康社会的奋斗目标，并从经济、政治、文化等方面勾画了宏伟蓝图。大会指出，我们要在 21 世纪头 20 年，集中力量，全面建成惠及十几亿人口的更高水平的小康社会，使经济更加发展、民主更加健全、科教更加进步、文化更加繁荣、社会更加和谐、人

民生活更加殷实。这是实现现代化建设第三步战略目标必须经过的承上启下的发展阶段，也是完善社会主义市场经济体制和扩大开放的关键阶段。经过这个阶段的建设，再继续奋斗几十年，到21世纪中叶基本实现现代化，把我国建成富强民主文明的社会主义国家。[①]大会通过《中国共产党章程（修正案）》，把“三个代表”重要思想同马克思列宁主义、毛泽东思想、邓小平理论一道确立为党的指导思想并载入党章。

坚持和完善以公有制为主体、多种所有制经济共同发展的基本经济制度，是完善社会主义市场经济体制的基本前提和首要任务。党的十六大第一次明确而完整地提出了“两个毫不动摇”的方针，即“毫不动摇地巩固和发展公有制经济”“毫不动摇地鼓励、支持和引导非公有制经济发展”。2003年，国务院成立国有资产监督管理委员会，从机构设置上实现政企分开、政资分开，逐步建立和完善国有资产监管体制。2005年，国务院

---

① 《十六大以来重要文献选编》上，中央文献出版社2005年版，第14页。

发布《关于鼓励支持和引导个体私营等非公有制经济发展的若干意见》，从放宽非公有制经济市场准入、加大对非公有制经济的财税金融支持等方面提出36项政策措施。有关部门又相继出台40多个配套文件，形成一整套鼓励非公有制经济发展的政策法规。2007年3月，十届全国人大五次会议通过《中华人民共和国物权法》，以保障一切市场主体的平等法律地位和发展权利，维护社会主义市场经济秩序。在一系列政策措施推动下，多种所有制经济都实现新的发展。

为了改变我国经济长期积累的结构性矛盾和增长方式等问题，2003年10月，党的十六届三中全会提出坚持以人为本，树立全面、协调、可持续的科学发展观，并将其确定为深化经济体制改革、统领经济和社会发展的指导思想和原则。会议通过《关于完善社会主义市场经济体制若干问题的决定》，提出完善社会主义市场经济体制的主要目标是：按照统筹城乡发展、统筹区域发展、统筹经济社会发展、统筹人与自然和谐发展、统筹国内发展和对外开放的要求，更大程度地发挥市场在资源配置中的基础性作用，增强企业活力和竞争力，健全国家宏观调控体系，完善政府社会管理和公共服务职能，为全面建成小康社会提供强有力的体制保障。[①]2007年召开的党的十七大，全面阐述科学发展观的科学内涵、精神实质和根本要求，明确科学发展观的第一要义是发展，核心是以人为本，基本要求是全面、协调、可持续发展，根本方法是统筹兼顾。[②]大会通过《中国共产党章程（修正案）》，把科学发展观写入党章。大会将党的基本路线中的奋斗目标表述为“把我国建设成为富强民主文明和谐的社会主义现代化国家”，对中国发展提出了新的更高要求。

二、推动“党的建设科学化”和建设社会主义政治文明

党的十六大以后，党中央深刻把握新世纪新阶段党的建设面临的严峻挑战，深化了党的建设的目标和主线的认识，提出了“党的建设科学化”的重大课题，进行

① 《十六大以来重要文献选编》上，中央文献出版社2005年版，第465页。
② 《十七大以来重要文献选编》上，中央文献出版社2009年版，第11—12页。

构建惩防体系的新探索。党的十七大第一次确定了“把党的执政能力建设和先进性建设作为主线”，提出了包括思想建设、组织建设、作风建设、制度建设、反腐倡廉建设在内的党的建设的总体布局。

围绕党的建设科学化、制度化，第十六届中央委员会建立了政治局集体学习制度，要求切实贯彻民主集中制，促进民主执政、科学执政、依法执政。为了加强思想建设，党中央先后开展了保持共产党员先进性教育活动、学习实践科学发展观活动。为了切实用制度管权、管事、管人，加强对权力的制约和监督，先后制定或修订了《中国共产党党内监督条例（试行）》等重要党内法规，加强了对派驻机构的统一管理。为加强反腐倡廉建设，党的十六届四中全会提出“标本兼治、综合治理、惩防并举、注重预防”的反腐倡廉新方针，2005年颁布了《建立健全教育、制度、监督并重的惩治和预防腐败体系实施纲要》，2008年制定了《建立健全惩治和预防腐败体系2008—2012年工作规划》。为了加强反腐败的国际合作与交流，2003年12月10日，中国政府在墨西哥签署了《联合国反腐败公约》。

发展社会主义民主政治，建设社会主义政治文明，是全面建成小康社会的重要目标。进行社会主义政治文明建设的基本内容是不断发展社会主义民主政治，核心和关键是要着重加强社会主义民主政治的制度建设，实现社会主义民主政治的制度化、规范化、程序化。党的十六大报告指出，政治体制改革和发展社会主义民主政治，最根本的是要坚持党的领导、人民当家作主和依法治国的有机结合和辩证统一。党的领导是人民当家作主和依法治国的根本保证，人民当家作主是社会主义民主政治的本质要求，依法治国是党领导人民治理国家的基本方略。党的领导、人民当家作主和依法治国的统一性，是社会主义民主政治的重要优势。把社会主义政治文明与社会主义民主政治紧密联系在一起，为政治文明建设指明了方向。

完善和发展社会主义基本政治制度、发展社会主义民主。党的十七大根据以农村村民委员会、城市居民委员会和企业职工代表大会为主要内容的基层民主自治体系逐步建立的事实，正式将基层群众自治制度作为我国的一项基本政治制度。把国家层面的民主制度与基层范畴的民主制度有机地结合在一起，使社会主义政治制度体系的内容更全面丰富、结构更完整、功能更强大。2010 年，第十一届全国人大第三次会议对《选举法》进行了修改，规定要按城乡人口比例选举人大代表。实行城乡按相同人口比例选举人大代表，人大选举工作更加规范化、制度化。中共中央先后颁发《关于进一步加强中国共产党领导的多党合作和政治协商制度建设的意见》(2005 年)、《关于加强人民政协工作的意见》(2006 年)和《关于巩固和壮大新世纪新阶段统一战线的意见》(2006 年)等文件，为各民主党派和无党派人士发挥作用创造了更为广阔的空间，巩固和发展了广泛的爱国统一战线。中国共产党在作出重大决策之前和决策执行过程中，都要坚持同党外人士进行充分协商、通报情况、听取意见，广集民智、广求良策。重要决策事前进行政治协商成为制度，决策的科学化与民主化不断推进，公民有序的政治参与不断扩大。各级人大“开门立法”，政府部门问需于民、问计于民，公共事务听证成为常态；充分运用网络同人民群众沟通；“国家尊重和保障人权”写入《宪法》，截至2011年8月底，我国已制定现行宪法和有效法律共240部、行政法规706部、地方性法规8600多部[①]，以宪法为核心，以刑事、民事、行政、经济、诉讼等方面的基本法律为支柱的中国特色社会主义法律体系逐步形成，在我国政治、经济和社会生活的基本方面，做到了有法可依。党政机构改革、干部人事制度改革、反腐倡廉工作，都取得了明显的进展。

三、统筹城乡经济社会发展和建设服务型政府

党的十六大提出全面繁荣农村经济、加快城镇化进程，统筹城乡经济社会发展，建设现代农业，发展农村经济，增加农民收入，是全面建成小康社会的重大任务。2005年12月，第十届全国人大常委会第十九次会议决定，自2006年1月1日起废止1958年6月3日通过的《中华人民共和国农业税条例》，取消农业税，

---

① 中华人民共和国国务院新闻办公室：《中国特色社会主义法律体系》，《人民日报》，2011年10月28日。

终结了中国历史上农民持续上缴2000多年的“皇粮国税”。与此同时，中央密集出台了一系列强农惠农富农政策。

党的十七大报告提出建立以工促农、以城带乡长效机制，形成城乡经济社会发展一体化新格局。[①]2008年1月1日起施行的《中华人民共和国城乡规划法》统筹城乡规划建设，通过优化城乡结构和布局，引导城镇化健康有序发展。同年10月召开的党的十七届三中全会通过《中共中央关于推进农村改革发展若干重大问题的决定》，要求大力推进改革创新，充分保障农民土地承包经营权，加强农村制度建设，积极发展现代农业，提高农业综合生产能力，加快发展农村公共事业，促进农村社会全面进步。2011年5月，中共中央、国务院印发《中国农村扶贫开发纲要（2011—2020年）》，指出到2020年稳定实现扶贫对象不愁吃、不愁穿，保障其义务教育、基本医疗和住房，并将国家扶贫标准由2009

① 《十七大以来重要文献选编》上，中央文献出版社2009年版，第19—20页。

年的1196元提高到2300元（2010年不变价），1.22亿农村低收入人口因此纳入扶贫开发范围。

党的十六大把社会管理和公共服务纳入政府职能范围。2004年党的十六届四中全会对建设服务型政府进一步提出目标要求，更加注重履行社会管理和公共服务职能，提出建立健全党委领导、政府负责、社会协同、公众参与的社会管理格局。[①] 党的十七大进一步提出加快行政管理体制改革，建设服务型政府，健全部门协调配合机制。党的十七届二中全会通过的《关于深化行政管理体制改革的意见》要求到2020年建立起比较完善的中国特色社会主义行政管理体制。2011年6月，中共中央办公厅、国务院办公厅印发《关于深化政务公开加强政务服务的意见》。围绕转变政府职能和理顺部门职责关系，各地方、各部门不断创新行政许可方式和行政许可实施机制，简化办事程序，方便人民群众。2011年7月，党的中央、国务院专门出台《关于加强和创新

① 《十六大以来重要文献选编》中，中央文献出版社2006年版，第287页。

社会管理的意见》，这是我国第一个关于创新社会管理的正式文件，将社会秩序和社会发展贯通起来，实现社会建设与社会管理并举。[1]

各地积极创新社会管理体系、体制和运行机制，加强服务型政府建设。完善党和政府主导的维护群众权益机制，逐步建立科学有效的利益协调机制、诉求表达机制、矛盾调处机制、权益保障机制。统筹协调各方面利益关系，修订国务院《信访条例》，积极完善信访制度，加强社会矛盾源头治理，妥善处理人民内部矛盾，把矛盾化解在基层、化解在萌芽状态。全国各地加强人民调解、行政调解、司法调解相衔接的社会矛盾纠纷“大调解”工作体系建设，探索完善第三方调解机制，成立医患纠纷、征地拆迁纠纷、交通事故等行业性、专业性调解组织和工作平台。

进一步加强和完善公共安全体系，健全食品药品安全监管机制，建立健全安全生产监管体制，完善社会治

---

① 当代中国研究所：《中华人民共和国简史（1949—2019）》，当代中国出版社 2019 年版，第 129 页。

安防控体系，完善应急管理机制。2006 年，国务院发布《国家突发公共事件总体应急预案》，随后，又发布了事故灾难类突发公共事件专项应急预案。2007 年 11 月 1 日起开始实施《中华人民共和国突发事件应对法》，建立统一领导、综合协调、分类管理、分级负责、属地管理为主的应急管理体制，规范突发事件应对活动。以成功应对 2008 年南方雪灾和汶川地震为契机，加强了应急体系建设，以“一案三制”（应急方案和应急体制、应急机制、应急法制）和“一网五库”（应急工作联络网和法规库、救援队伍库、专家库、典型案例库、救援物资库）为主要框架的全国应急管理体系基本建立。2009 年《中华人民共和国食品安全法》颁布施行，从制度上加强食品等产品安全监督管理，保证食品安全，保障公众身体健康和生命安全。

为强化安全生产管理和监督、推进安全生产治理行动，国务院于 2004 年和 2011 年先后下发《关于进一步加强安全生产工作的决定》《关于坚持科学发展安全发展促进安全生产形势持续稳定好转的意见》。坚持打防结合、预防为主、专群结合、依靠群众的方针，完善社会治安防控体系，制定《治安管理处罚法》，广泛深入开展平安建设活动，依法打击违法犯罪活动。

加强和完善社会管理和公共服务体系，把人力、财力、物力更多投入基层，强化城乡社区自治和服务功能，健全新型社区管理和服务体制。加强和完善流动人口和特殊人群管理和服务，建立健全实有人口动态管理机制，完善特殊人群管理和服务政策。加强和完善非公有制经济组织、社会组织管理，明确非公有制经济组织管理和服务员工的社会责任，推动社会组织健康有序发展。2004 年，中共中央办公厅、国务院办公厅印发《关于进一步加强互联网管理工作的意见》，加强和完善信息网络管理，提高对虚拟社会的管理水平，健全网上舆论引导机制。

2003 年 6 月，国务院颁布《城市生活无着的流浪乞讨人员救助管理办法》，标志着收容遣送制度正式废除。逐步清理和废止了针对流动人口的歧视性法规、规章和政策，为流动人口的社会融合扫清障碍。2004 年，中共中央、国务院发布《关于促进农民增加收入若干政策意见》，提出“推进大中城市户籍制度改革，放宽农民进城就业和定居的条件”，户籍政策改革范围从中小城镇扩大到大中城市。

四、建设社会主义核心价值体系和推进文化体制改革

建设社会主义核心价值体系，有利于增强社会主义意识形态的吸引力和凝聚力，夯实全党全国各族人民团结奋斗的思想道德基础。

2006年3月4日，胡锦涛提出，要引导广大干部群众特别是青少年树立以“八荣八耻”为主要内容的社会主义荣辱观。2006年10月召开的党的十六届六中全会围绕构建和谐社会的主题，提出和阐发了建设社会主义核心价值体系的任务，指出“马克思主义指导思想、中国特色社会主义共同理想、以爱国主义为核心的民族精神和以改革创新为核心的时代精神、社会主义荣辱观，构成社会主义核心价值体系的基本内容”[1]，要求把

---

① 《十六大以来重要文献选编》下，中央文献出版社2008年版，第661页。

社会主义核心价值体系融入国民教育和精神文明建设全过程、贯穿现代化建设各方面。党的十七届六中全会通过《中共中央关于深化文化体制改革推动社会主义文化大发展大繁荣若干重大问题的决定》，特别提出在全党全社会形成统一指导思想、共同理想信念、强大精神力量、基本道德规范，把建设社会主义核心价值体系作为文化改革发展的根本任务。决定还提出建设社会主义文化强国的战略目标和中国特色社会主义文化发展道路的基本要求，成为我国文化改革的重要指导思想。

为推进社会主义核心价值体系建设，党中央在全国范围内实施马克思主义理论研究和建设工程，持续推出马克思主义经典著作、党的创新理论成果和重点教材，对推进社会主义核心价值体系建设具有重要作用。

党中央将建设社会主义核心价值体系作为建设和谐文化的根本，推进文化体制改革。一系列的改革措施使文化事业单位转制逐渐走向规范化、制度化，有效推动了我国文化生产领域市场化的进程。

为了建设公共文化服务体系，2007 年 8 月，中共中央办公厅、国务院办公厅印发《关于加强公共文化服务体系建设的若干意见》。同年10月，党的十七大把建设“覆盖全社会的公共文化服务体系”作为实现全面建成小康社会的重要目标之一，标志着公共文化服务体系建设已经成为国家文化发展的重要战略。

为了应对国际形势变化、维护国家文化安全、增强国际话语权，党和政府颁布一系列政策，推动中华文化“走出去”。2006年11月，国务院办公厅印发《关于进一步加强和改进中华文化走出去工作的指导意见》，提出加强和改进中华文化走出去工作，提高国家文化软实力。2012年9月，新闻出版总署出台《关于加快我国新闻出版业“走出去”的若干意见》，首次从国家层面对新闻出版业“走出去”进行全方位部署。

五、初步形成社会保障制度框架

为了更好地解决经济社会发展中的突出矛盾，中共中央在经济发展基础上大力加强社会建设，切实保障和改善民生。

2003年12月，中共中央、国务院作出《关于进一步加强人才工作的决定》，把人才工作纳入国家经济和社会发展的总体规划，并对实施人才强国战略、建设高素质人才队伍作出部署。

教育事业更加重视巩固义务教育成果，提高义务教育质量，促进教育公平和均衡发展。2002 年，国务院办公厅发布《关于完善农村义务教育管理体制的通知》，要求保证农村义务教育经费投入，让更多农村学生接受九年义务教育。2006 年，新修订的《中华人民共和国义务教育法》，为全国义务教育长期持续发展提供了制度保证。国务院决定实施农村义务教育经费保障机制改革，全面实施“两免一补”政策[①]，于 2008 年实现城乡义务教育全部免费。对于高中教育阶段家庭困难的学生，国家和地方政府设立助学金对其进行资助。对于中等职业教育，建立以免学费、发放国家助学金为主，学校和社会资助及顶岗实习等为补充的学生资助制度。对

① “两免一补”，是指国家全面免除义务教育阶段（小学和初中）学生的学杂费，对农村义务教育阶段学生免费提供教科书，对农村家庭经济困难寄宿生补助生活费的一项资助政策。

于高等教育阶段家庭经济困难的学生，以奖学金、学生贷款、勤工俭学等方式救助。2010 年 7 月，中共中央、国务院印发《国家中长期教育改革和发展规划纲要（2010—2020 年）》，绘制了未来十年基本实现教育现代化的宏伟蓝图。

为了应对严峻的就业形势，2008 年 1 月，《中华人民共和国就业促进法》正式施行，在世界多数国家失业率居高不下的背景下，中国保持了就业形势总体稳定，逐步建立起覆盖城乡的公共就业体系，劳动者自主择业、市场调节就业和政府促进就业的市场就业格局初步形成。

为了完善分配制度，党的十六大确立劳动、技术和管理等生产要素按贡献参与分配的原则，还提出“初次分配注重效率，再分配注重公平”。党的十七大首次提出“初次分配和再分配都要处理好效率和公平的关系”，强调了“再分配更加注重公平”。国家采取一系列重要措施，努力扭转收入分配差距扩大的趋势。

政府还逐步构建起由城镇职工基本医疗保险、城镇居民基本医疗保险、新型农村合作医疗和城乡医疗救助制度组成的基本医疗保障网。建立健全覆盖城乡居民的基本医疗卫生制度，促进公共医疗卫生事业落实公益性质。全国医保体系初步形成，城乡基本医疗卫生制度初步建立，严重威胁居民健康的重点传染病、地方病得到有效控制，卫生应急预案体系得到进一步健全。

覆盖城乡的养老保险制度改革加快推进。2003年，党的十六届三中全会提出，要加快建设与经济发展水平相适应的社会保障体系，完善企业职工基本养老保险制度，将城镇从业人员纳入基本养老保险参保主体范围。[①]党的十六届六中全会把到2020年基本建立覆盖城乡居民的社会保障体系，作为构建社会主义和谐社会的重要目标。2005年，国务院出台《关于完善企业职工基本养老保险制度的决定》，要求扩大覆盖范围，针对城镇个体劳动者和灵活就业人员制定参保政策。农村养老保险改革进入新阶段。2008年，党的十七届三中

① 《改革开放以来历届三中全会文件汇编》，人民出版社2013年版，第134页。

全会提出，按照个人缴费、集体补助、政府补贴相结合的要求，建立新型农村社会养老保险制度（即“新农保”）[1]。到2012年7月1日，基本实现社会养老保险制度全覆盖，进一步扩大社会保障体系的覆盖范围，在城镇建立起居民最低生活保障制度。

2010年，全国人大颁布《中华人民共和国社会保险法》，标志着社会保险发展全面进入法治化阶段。

此外，国家还积极推进以住房公积金制度、保障房制度、廉租住房制度为主要内容的城镇住房保障制度建设，建立起多层次的住房保障体系。建立了针对突发性自然灾害的应急体系和灾民救助制度，基本形成新型社会救助体系。经过努力，初步形成了以社会保险为主体，包括社会救助、社会福利、优抚安置、住房保障和社会慈善事业在内的社会保障制度框架。

六、调整军队体制编制和推动建设和谐世界

为适应中国特色军事变革的要求，进一步推进

① 《改革开放以来历届三中全会文件汇编》，人民出版社2013年版，第167页。

军队体制编制调整改革。2003 年 9 月，中共中央批准《2005 年前军队体制编制调整改革总体方案》，决定 2005 年前再裁减军队员额 20 万，军队总员额下降至 230 万。这次调整改革，有力地推进了中国特色军事变革和军事斗争准备工作，提升了信息化条件下的作战能力。

2003 年 8 月，中央军委颁发《实施军队人才战略工程规划》，部署实施军队人才战略工程。从 2006 年起继续实施“高层次人才强军计划”。许多地方大学招收国防生。军队在全国一些普通中学建立国防生源基地。2005 年 6 月，国务院、中央军委颁布《中国人民解放军文职人员条例》，决定在军队实行文职人员制度，将军队部分保障岗位改由非现役人员担任，改革了人民解放军力量结构和用人制度。2011 年 4 月，中央军委颁发《2020 年前军队人才发展规划纲要》，对未来十年军队人才建设和发展作出中长期战略规划。

2005 年 5 月，国防科技工业开始实行分类管理的武器装备科研生产许可制度，在保持国家对武器装备科研生产控制力的同时，允许非公有制经济进入武器装备科研生产领域。2007年，国务院批准《深化国防科技工业投资体制改革的若干意见》，逐步形成开放性国防科技工业发展格局。

按照“政府部门主导、军队组织实施、社会力量参与、市场机制运行”的原则，逐步扩大军队社会化保障范围，建立融合式的军队保障系统。从2005年1月起，大幅度提高全军士兵伙食标准，同时，建立士官休假制度，完善干部休假疗养制度，从制度上保障了官兵的权益。2012年4月，《中华人民共和国军人保险法》颁布，军人保险事业迈入法治化轨道。

为维护世界和平，推动建设和谐世界，人民解放军同150多个国家开展军事交往，形成了全方位、多层次、宽领域的对外交往格局。

2005年9月，胡锦涛在联合国成立60周年首脑会议上发表题为《努力建设持久和平、共同繁荣的和谐世界》的演讲，全面阐述了“和谐世界”的内涵及其实现途径，希望与其他各国共建和平、繁荣、和谐的世界的信息。2006 年 8 月，中央召开的全国外事工作会议提出，推动建设和谐世界是中国坚持走和平发展道路的必然要求，也是实现和平发展的重要条件。[1]2007 年 10 月，党的十七大再次强调中国始终不渝走和平发展道路，各国人民携手努力，推动建设持久和平、共同繁荣的和谐世界。为推动建设和谐世界，中国坚持独立自主的和平外交政策，积极开展一系列富有成效的外交活动。

① 《胡锦涛文选》第 2 卷，人民出版社 2016 年版，第 515 页。

第七章　在协调推进“四个全面”战略布局中推动中国特色社会主义制度日趋成熟定型

党的十八大以来，以习近平同志为核心的党中央把制度建设摆在更加突出的位置，统筹推进“五位一体”总体布局、协调推进“四个全面”战略布局，深化重要领域改革，破除一切妨碍科学发展的思想观念和体制机制弊端，引领中国特色社会主义制度建设进入新时代。

一、把制度建设摆在突出位置，充分发挥我国社会主义制度优越性

2012年11月，中国共产党第十八次全国代表大会召开，大会勾画了在新的历史条件下全面建成小康社会、加快推进社会主义现代化、夺取新时代中国特色社会主义新胜利的宏伟蓝图。坚持和发展中国特色社会主义是贯穿党的十八大报告的一条主线，从理论和实践结合上系统地回答了在中国这样人口多、底子薄的东方大

国建设什么样的社会主义、怎样建设社会主义这个根本问题。随着我国经济社会发展不断深入，生态文明建设地位和作用日益凸显。党的十八大把生态文明建设纳入中国特色社会主义事业总体布局，使生态文明建设的战略地位更加明确，有利于把生态文明建设融入经济建设、政治建设、文化建设、社会建设的各方面和全过程。这是我们党对社会主义建设规律在实践和认识上不断深化的重要成果，要按照这个总布局，促进现代化建设各方面相协调，促进生产力与生产关系、经济基础与上层建筑相协调。

党的十八大强调，建设中国特色社会主义的总依据是社会主义初级阶段，总布局是“五位一体”，总任务是实现社会主义现代化和中华民族伟大复兴。中国共产党从成立那天起，就肩负着实现中华民族伟大复兴的历史使命，按照现代化建设“三步走”的战略部署，建设富强民主文明和谐的社会主义现代化国家。

中国特色社会主义是由道路、理论体系、制度、文化四位一体构成的。中国特色社会主义道路、中国特色社会主义理论体系、中国特色社会主义制度与中国特色社会主义文化的科学内涵相互联系。中国特色社会主义道路是实现途径，中国特色社会主义理论体系是行动指南，中国特色社会主义制度是根本保障，中国特色社会主义文化是凝聚和激励全国各族人民的重要力量，四者统一于中国特色社会主义伟大实践之中。这是中国特色社会主义最鲜明的特色。中国特色社会主义制度，坚持把根本政治制度、基本政治制度同基本经济制度以及各方面体制机制等具体制度有机结合起来，坚持把国家层面民主制度同基层民主制度有机结合起来，坚持把党的领导、人民当家作主、依法治国有机结合起来，符合我国国情，集中体现了中国特色社会主义的特点和优势，是中国发展进步的根本制度保障。

发展中国特色社会主义是一项长期的艰巨的历史任务，必须准备进行具有许多新的历史特点的伟大斗争。应该看到，中国特色社会主义制度是特色鲜明、富有效率的，但还不是尽善尽美、成熟定型的。中国特色社会主义事业不断发展，中国特色社会主义制度也需要不断完善。党的十八大强调“全面建成小康社会，必须以更大的政治勇气和智慧，不失时机深化重要领域改革，坚决破除一切妨碍科学发展的思想观念和体制机制弊端，构建系统完备、科学规范、运行有效的制度体系，使各方面制度更加成熟更加定型”，提出“要把制度建设摆在突出位置，充分发挥我国社会主义政治制度优越性，积极借鉴人类政治文明有益成果，绝不照搬西方政治制度模式”。①

2012 年 11 月 27 日，十八届中央政治局就宣传贯彻党的十八大精神进行第一次集体学习。习近平指出，我们要坚持以实践基础上的理论创新推动制度创新，坚持和完善现有制度，从实际出发，及时制定一些新的制度，构建系统完备、科学规范、运行有效的制度体系，使各方面制度更加成熟更加定型，为夺取中国特色社会主义新胜利提供更加有效的制度保障。② 在原来的“四位一体”的基础上，党的十八大明确提出了生态文明建设，

---

① 《十八大以来重要文献选编》上，中央文献出版社 2014 年版，第 14、20 页。

② 《习近平谈治国理政》第 1 卷，外文出版社 2014 年版，第 10 页。

将原来的“四位一体”发展成为“五位一体”的总体布局，进一步拓展了制度建设的内涵和思路。生态文明制度从无到有地逐渐建立起来，成为中国特色社会主义制度的重要组成部分。

二、把“完善和发展中国特色社会主义制度，推进国家治理体系和治理能力现代化”确定为全面深化改革的总目标

怎样治理社会主义社会这样全新的社会，在以往的世界社会主义中没有解决得很好。中国共产党在全国执政以后，不断探索这个问题，虽然也发生了严重曲折，但在国家治理体系和治理能力上积累了丰富经验、取得了重大成果，中国政治稳定、经济发展、社会和谐、民族团结，同世界上一些国家和地区不断出现乱局形成了鲜明对照。这说明，中国的国家治理体系和治理能力总体上是好的，是适应我国国情和发展要求的。同时也要看到，相比我国经济社会发展要求，相比人民群众期待，相比当今世界日趋激烈的国际竞争，相比实现国家长治久安，我们在国家治理体系和治理能力方面还有许

多不足，还有许多亟待改进的地方。要更好地发挥中国特色社会主义制度的优越性，必须从各个领域推进国家治理体系和治理能力现代化。

2013 年 11 月，党的十八届三中全会对全面深化改革进行研究，审议通过《中共中央关于全面深化改革若干重大问题的决定》，明确提出全面深化改革的总目标是“完善和发展中国特色社会主义制度，推进国家治理体系和治理能力现代化”，首次提出“推进国家治理体系和治理能力现代化”这个重大命题，并把“完善和发展中国特色社会主义制度，推进国家治理体系和治理能力现代化”确定为全面深化改革的总目标。国家治理体系和治理能力是一个国家制度和制度执行能力的集中体现。国家治理体系是在党领导下管理国家的制度体系，包括物质、政治、文化、社会、生态文明和党的建设等各领域体制机制、法律法规安排，也就是一整套紧密相连、相互协调的国家制度；国家治理能力则是运用国家制度管理社会各方面事务的能力，包括改革发展稳定、内政外交国防、治党治国治军等各个方面。国家治理体系和治理能力是一个有机整体，相辅相成，有了好的国家治理体系才能提高治理能力，提高国家治理能力才能充分发挥国家治理体系的效能。十八届三中全会开启了全面深化改革、系统整体设计推进改革的新时代，开创了我国改革开放的新局面。

这次全会是划时代的，改革理论和政策实现一系列新的重大突破，科学回答了新时代为什么改、为谁改、怎么改等重大理论和实践问题，开启了全面深化改革、系统整体设计推进改革的新时代，开创了中国改革开放的全新局面，对推动中国特色社会主义事业发展产生重大而深远的影响。

2013 年 12 月 30 日，中央全面深化改革领导小组成立，习近平任组长。以党的十八届三中全会和中央全面深化改革领导小组成立为标志，全面深化改革成为当今中国最鲜明的时代特征。新的改革，其复杂程度、艰巨程度、敏感程度，丝毫不亚于 35 年前即 1978 年开启的改革。

在全面深化改革实践中坚持问题导向和目标导向

相结合，积极推进党和国家制度建设及国家治理体系现代化。中国共产党狠抓改革督察落实，建立改革激励机制、容错机制，有效防止了改革沦入“空转”，重要领域和关键环节改革取得突破性进展，主要领域改革主体框架基本确立，中国特色社会主义制度更加完善，国家治理体系和治理能力现代化水平明显提高，全社会发展活力和创新活力明显增强。

三、全面推进依法治国，建设社会主义法治国家

全面依法治国是中国共产党领导人民治理国家的基本方略。党的十八大以来，以习近平同志为核心的党中央积极发展社会主义民主政治，推进全面依法治国，持续深入推进法治国家、法治政府、法治社会建设。

党的十八大提出，法治是治国理政的基本方式，要加快建设社会主义法治国家，全面推进依法治国；到2020年，依法治国基本方略全面落实，法治政府基本建成，司法公信力不断提高，人权得到切实尊重和保障。党的十八届三中全会将推进法治中国建设作为全面深化改革的重要内容，提出建设法治中国，必须坚持依法治国、依法执政、依法行政共同推进，坚持法治国家、法治政府、法治社会一体建设。

2014年10月，党的十八届四中全会召开，研究全面推进依法治国若干重大问题。全会审议通过了《中共中央关于全面推进依法治国若干重大问题的决定》，提出全面依法治国的总目标是建设中国特色社会主义法治体系，建设社会主义法治国家。这次全会对全面推进依法治国作出了全面部署，提出的重大举措有180多项，涵盖了依法治国的各个方面。围绕总目标，全面依法治国要求完善以宪法为核心的中国特色社会主义法律体系，加强宪法实施；深入推进依法行政，加快建设法治政府；保证公正司法，提高司法公信力；增强全民法治观念，推进法治社会建设；加强法治工作队伍建设；加强和改进党对全面推进依法治国的领导。全会确立了全面依法治国的总蓝图。这是中国共产党历史上第一次专题研究、专门部署全面依法治国的中央全会，在中国法治史上具有里程碑意义。

从2013年到2018年，第十二届全国人大及其常委会共制定法律 25 部，修改法律 127 件次，通过有关法律问题和重大问题的决定 46 件次，作出法律解释 9 件，立法工作呈现数量多、分量重、节奏快、效果好的特点，弥补了许多领域的法律缺位。《中华人民共和国立法法》于 2015 年修改后颁布，为中国特色社会主义法治建设提供重要遵循。为弘扬宪法精神，2014 年 11 月，十二届全国人大常委会第十一次会议决定将每年的 12 月 4 日设立为“国家宪法日”。2015 年，全国人大常委会以立法的形式作出关于宪法宣誓的决定，宪法宣誓制度建立并完善。

法治政府建设稳步推进。2015 年 12 月，中国共产党中央委员会、国务院印发《法治政府建设实施纲要（2015—2020 年）》，提出到 2020 年基本建成职能科学、权责法定、执法严明、公开公正、廉洁高效、守法诚信的法治政府。作为法治政府建设的突破口，“三项制度”① 从 2016 年开始试点，于 2019 年全面推行，对推进公正

① “三项制度”，是指行政执法公示、执法全过程记录、重大执法决定法制审核制度。

执法产生了突破性带动作用。根据权责法定原则，2017年，全国31个省区市均已公布省市县三级政府部门权力和责任清单。行政机关内部重大决策合法性审查机制建立，政府法律顾问制度推行，重大决策终身责任追究制度及责任倒查机制确立，政府依法决策机制不断健全。

深入司法体制改革，司法更加公正文明。2013年，实施50多年的劳教制度被依法废止。2015年4月，中共中央办公厅、国务院办公厅印发《关于贯彻落实党的十八届四中全会决定 进一步深化司法体制和社会体制改革的实施方案》，推动改革取得一系列突破。全国法院实行立案登记制，做到有案必立、有诉必理。法官、检察官、人民警察在职责范围内对办案质量终身负责。2015年，最高人民法院第一巡回法庭在深圳成立，开始确立与行政区划分离的司法管辖制。同年，领导干部干预司法活动、插手具体案件处理的记录、通报和责任追究制度建立，确保审判权和检察权依法独立行使。2016年，律师制度改革和以审判为中心的刑事诉讼制度开始实施，确保律师依法行使辩护权利，强化辩护与控告的相互制约机制，以及审判对侦查和起诉的制约力。2017 年，检察机关提起公益诉讼制度正式确立，走出了一条具有中国特色的公益司法保护道路。

2018 年 1 月，十九届二中全会公报发布，高度地评价了全面依法治国取得的成就。党的十八大以来，以习近平同志为核心的党中央以前所未有的力度推进全面依法治国进程，坚持依法治国、依法执政、依法行政共同推进，坚持法治国家、法治政府、法治社会一体建设，坚持依法治国和以德治国相结合，坚持依法治国和依规治党有机统一，抓住科学立法、严格执法、公正司法、全民守法关键环节，加快推进中国特色社会主义法治体系建设，法律规范体系、法治实施体系、法治监督体系、法治保障体系和党内法规体系建设相互促进、共同发展，社会主义法治国家建设取得了历史性成就。

四、全面从严治党，完善和发展党的领导制度建设

党的建设制度改革是全面深化改革的重要内容和重要保障，党领导和推动的改革事业越是向纵深推进，越需要加强党的自身建设、深化党的建设制度改革。以习近平同志为核心的党中央坚持和加强党的全面领导，坚持党要管党、全面从严治党，全面推进党的政治建设、思想建设、组织建设、作风建设、纪律建设，把制度建设贯穿其中，深入推进反腐败斗争，着力构建一体推进不敢腐、不能腐、不想腐的体制机制，不断加强中国共产党对中国特色社会主义事业的领导。

党的十八大提出，必须坚持党的领导，坚持党总揽全局、协调各方的领导核心作用。2015 年 6 月，中共中央印发《中国共产党党组工作条例（试行）》，该条例成为规范党组设立和运行，确保中国共产党全面领导的遵循。党的十八届六中全会则以全面从严治党为主题，通过了《关于新形势下党内政治生活的若干准则》，并修订了《中国共产党党内监督条例》，完善和发展了党的领导制度建设。党的十八届六中全会提出“以习近平同志为核心的党中央”，明确了习近平总书记的核心地位，这对于维护党中央权威、维护党的团结和集中统一领导，对于全党全军全国各族人民凝心聚力，具有十分重大的意义。

为提高重大事项的决策效率与执行力度，十八大以来中央成立了多个专门的领导小组或委员会，以协调各个副国级、省部级单位。其中中央国家安全委员会、中央全面深化改革领导小组、中央网络安全和信息化领导小组、中央党的群众路线教育实践活动领导小组、中央维护海洋权益工作领导小组、中央统一战线工作领导小组为十八大后新建。领导小组由正国级的政治局常委挂帅，有利于整合职能部门的资源，从最高层统一配置资源，有助于冲破原有的利益格局，实现改革快速推进。

“东西南北中，党是领导一切”的制度在各领域强化。党的十八大重申加强和改善党的领导，坚持党总揽全局、协调各方的领导核心作用。从2015年开始，中共中央政治局常委会每年召开会议，专门听取全国人大常委会、国务院、全国政协、最高人民法院、最高人民检察院等国家机关党组汇报工作。各级党委也都确立了听取人大、政协、政府、法院、检察院党组工作汇报的制度。党对军队、企事业单位和工会、共青团、妇联等群团组织的领导也得到加强。

党的十八大以来，以习近平同志为核心的党中央以刮骨疗毒的决心勇气，铁腕惩治腐败，推动反腐斗争取得压倒性胜利。2013 年 1 月，习近平在十八届中央纪委二次全会上强调，要坚定不移地把党风廉政建设和反腐败斗争引向深入，形成不敢腐的惩戒机制、不能腐的防范机制、不易腐的保障机制。2015 年 8 月，中共中央印发《中国共产党巡视工作条例》。同年 10 月，中共中央印发《中国共产党廉洁自律准则》和《中国共产党纪律处分条例》，把从严治党实践成果转化为纪律要求。同年 11 月，中共中央办公厅印发《关于全面落实中央纪委向中央一级党和国家机关派驻纪检机构的方案》，共设置 47 家派驻机构，实现对 139 家中央一级党和国家机关派驻纪检机构全覆盖。

2017 年 1 月，习近平在十八届中央纪委七次全会上强调，腐败蔓延势头得到有效遏制，反腐败斗争压倒性态势已经形成，不敢腐的目标初步实现。党的十八大至党的十九大，中纪委共立案审查省军级以上党员干部及其他中管干部 440 人、纪律处分厅局级干部 8900

余人、处分县处级干部 6.3 万人，共处分基层党员干部 27.8 万人。

五、推动中国特色社会主义制度日趋成熟定型

中国特色社会主义进入新时代，制度建设也进入快车道，制度优势更加明显，制度建设更加全面，治理体系与治理能力更加现代化，为全面制度建设提供了更高的新起点。党的十八届五中全会进一步强调，“十三五”时期要实现“各方面制度更加成熟更加定型，国家治理体系和治理能力现代化取得重大进展，各领域基础性制度体系基本形成”的目标。[①]

改革开放以来，随着经济社会发展和实践深入，从物质文明、精神文明“两个文明”，到经济、政治、文化建设“三位一体”，到经济、政治、文化、社会建设“四位一体”，再到“五位一体”，这是重大理论和实践创新，更带来了发展理念和发展方式的深刻转变。“五位一体”各方面相互联系、相互促进、不可分割，共同

---

① 《十八大以来重要文献选编》中，中央文献出版社 2016 年版，第 791 页。

构筑起中国特色社会主义事业的全局。党的十八届三中、四中、五中、六中全会相继就全面建成小康社会、全面深化改革、全面依法治国、全面从严治党进行了专题研究，完成“四个全面”战略布局顶层设计。“五位一体”总体布局和“四个全面”战略布局相互促进、统筹联动，从全局上确立了新时代坚持和发展中国特色社会主义的战略规划和部署。

党的十八大以来，中国共产党全面深化改革，通过统筹推进“五位一体”总体布局、协调推进“四个全面”战略布局，不断加强制度建设和治理能力建设并取得了显著成效，推动中国特色社会主义制度更加完善、国家治理体系和治理能力现代化水平明显提高。党的十八届三中全会共推出336项重大改革举措，经过几年不懈努力，重要领域和关键环节改革成效显著，主要领域基础性制度体系基本形成，为推进国家治理体系和治理能力现代化打下了坚实基础。以社会主义市场经济为特色的经济制度逐渐走向成熟，社会主义政治制度的逐渐完善，人民民主的不断扩大，社会主义文化体制改革的不断深入，“三个倡导”[1]的社会主义核心价值体系的确立，马克思主义指导地位的加强，社会主义先进文化的制度也逐渐得到完善。尤其体现在党的领导制度和体制机制不断健全完善，党治国理政的能力不断增强，党总揽全局、协调各方的领导核心作用更加巩固等方面。

但相对于战胜前进道路上各种风险挑战、确保党和国家长治久安的要求来说，一些重大改革任务尚未完成，许多难啃的硬骨头还需攻克。面向未来，要破解前进道路上面临的难题、化解来自各方面的风险挑战，推动经济社会持续健康发展，仍需把新时代改革开放继续推向前进。

---

① 即党的十八大提出的倡导富强、民主、文明、和谐，倡导自由、平等、公正、法治，倡导爱国敬业、诚信、友善。

第八章　在决胜全面建成小康社会中开辟中国特色社会主义制度新境界

党的十九大作出到21世纪中叶把我国建成富强民主文明和谐美丽的社会主义现代化强国的战略安排，为全面开创制度建设新时代规划了蓝图。党的十九届二中、三中全会分别就修改宪法和深化党和国家机构改革作出部署，在制度建设和治理能力建设上迈出了新的重大步伐。在此基础上，党的十九届四中全会对坚持和完善中国特色社会主义制度、推进国家治理体系和治理能力现代化作出全面部署，开辟了中国特色社会主义制度新境界。

一、全面建成社会主义现代化强国战略安排中制度建设和治理能力建设的目标

2017年10月，中国共产党第十九次全国代表大会召开，对从全面建成小康社会到基本实现现代化，再到

全面建成社会主义现代化强国，作出新时代中国特色社会主义发展的战略部署。

针对此前长期将中国社会主要矛盾表述为“人民日益增长的物质文化需要同落后的社会生产之间的矛盾”已经不能准确反映这种变化的客观实际，党的十九大报告对当前中国社会主要矛盾作出新判断，强调“中国特色社会主义进入新时代，我国社会主要矛盾已经转化为人民日益增长的美好生活需要和不平衡不充分的发展之间的矛盾”。社会主要矛盾的变化是关系全局的历史性变化，要在继续推动发展的基础上，着力解决好发展不平衡、不充分问题，大力提升发展质量和效益，更好满足人民在经济、政治、文化、社会、生态等方面日益增长的需要，更好推动人的全面发展、社会全面进步。

党的十九大对中国发展新的历史方位作出重大政治判断，指出经过长期努力，中国特色社会主义进入了新时代。大会指出，从党的十九大到二十大，是“两个一百年”奋斗目标的历史交汇期。我们既要全面建成小康社会、实现第一个百年奋斗目标，又要乘势而上开启全面建设社会主义现代化国家新征程，向第二个百年奋斗目标进军。党的十九大作出到 21 世纪中叶把我国建成富强民主文明和谐美丽的社会主义现代化强国的战略安排，其中制度建设和治理能力建设的目标是：到 2035 年，“各方面制度更加完善，国家治理体系和治理能力现代化基本实现”；到 21 世纪中叶，“实现国家治理体系和治理能力现代化”。[①] 大会对中国特色社会主义经济建设、政治建设、文化建设、社会建设、生态文明建设作出战略部署。

中国特色社会主义进入新时代，意味着近代以来久经磨难的中华民族迎来了从站起来、富起来到强起来的伟大飞跃，迎来了实现中华民族伟大复兴的光明前景。中国特色社会主义进入新时代，意味着科学社会主义在 21 世纪的中国焕发出强大生机活力，在世界上高高举

---

① 习近平：《决胜全面建成小康社会　夺取新时代中国特色社会主义伟大胜利——在中国共产党第十九次全国代表大会上的报告》，人民出版社 2017 年版，第 28 页。

起中国特色社会主义伟大旗帜。中国特色社会主义进入新时代，意味着中国特色社会主义道路、理论、制度、文化不断发展，拓展了发展中国家走向现代化的途径，给世界上那些既希望加快发展又希望保持自身独立性的国家和民族提供了全新选择，为解决人类问题贡献了中国智慧和中国方案。

中国共产党是中国特色社会主义事业的领导核心。党的领导是做好党和国家各项工作的根本保证，是战胜一切困难和风险的“定海神针”。坚持党对一切工作的领导，是党和国家的根本所在、命脉所在，是全国各族人民的利益所在、幸福所在。党的十九大提出，中国特色社会主义最本质的特征是中国共产党领导，中国特色社会主义制度的最大优势是中国共产党领导，党是最高政治领导力量。党的十九大报告提出“加快形成覆盖党的领导和党的建设各方面的党内法规制度体系”。十九大把坚持党对一切工作的领导作为新时代坚持和发展中国特色社会主义的基本方略的第一条，并提出党政军民学，东西南北中，党是领导一切的。[①]

党的十九大报告强调了制度建设的全面性、系统性和协调性。党的十九大报告提出了新时代坚持和发展中国特色社会主义的基本方略，为全面开创制度建设新时代规划了蓝图。

二、修改宪法，保证党和国家长治久安的顶层设计和制度安排

宪法是国家的根本法，是治国安邦的总章程，是党和人民意志的集中体现。我国宪法是同党团结带领人民进行的实践探索紧密联系在一起的，随着时代进步、党和人民事业发展而不断完善，随着党领导人民建设中国特色社会主义实践的发展而不断发展完善。这是我国宪法发展的一个显著特点，也是一条基本规律。从 1954 年新中国第一部《宪法》诞生至今，我国宪法一直处在探索实践和不断完善过程中。1982 年《宪法》公布施

---

① 习近平：《决胜全面建成小康社会　夺取新时代中国特色社会主义伟大胜利——在中国共产党第十九次全国代表大会上的报告》，人民出版社 2017 年版，第 20 页。

行后，根据我国改革开放和社会主义现代化建设的实践和发展，分别于1988年、1993年、1999年、2004年进行了4次修改。

治国凭圭臬，安邦靠准绳。由宪法及时确认党和人民创造的伟大成就和宝贵经验，以更好发挥宪法的规范、引领、推动、保障作用，是实践发展的必然要求。中国特色社会主义进入新时代，是我国发展新的历史方位。根据新时代坚持和发展中国特色社会主义的新形势新任务，有必要对我国宪法作出适当的修改。自2004年修改宪法以来，党和国家事业又有了许多重要发展变化。特别是党的十八大以来，以习近平同志为核心的党中央团结带领全党全国各族人民毫不动摇坚持和发展中国特色社会主义，推动党和国家事业取得历史性成就、发生历史性变革。党的十九大对新时代坚持和发展中国特色社会主义作出重大战略部署，确定了新的奋斗目标。为更好发挥宪法在新时代坚持和发展中国特色社会主义中的重大作用，需要对宪法作出适当修改，把党和人民在实践中取得的重大理论创新、实践创新、制度创新成果上升为宪法规定。

2018年1月，党的十九届二中全会审议通过中共中央《关于修改宪法部分内容的建议》，在准确把握我国宪法的发展特点和发展规律的基础上，明确指出宪法修改的重大意义，确立了宪法修改的总体要求和原则，站在健全完善党和国家领导制度、推进国家治理体系和治理能力现代化的高度，作出了一系列重大制度设计，包括坚持党的领导制度、人民代表大会制度、统一战线制度、宪法宣誓制度、国家主席任期制度、国务院管理制度、地方立法制度、监察制度，等等。这些重大修改建议，是保证党和国家长治久安的顶层设计和制度安排。

党的十九届二中全会提出了这次宪法修改的总体要求，强调要为新时代坚持和发展中国特色社会主义、实现"两个一百年"奋斗目标和中华民族伟大复兴的中国梦提供有力宪法保障。目的就是通过修改使我国宪法更好地体现人民意志，更好地体现中国特色社会主义制度的优势，更好地适应提高中国共产党长期执政能力、推进全面依法治国、推进国家治理体系和治理能力现代化的要求。

党的十九届二中全会也明确了这次宪法修改的原则。宪法修改只有坚持党的领导，坚持和发展中国特色社会主义法治道路，坚持正确政治方向，才能顺应党和人民事业发展要求，体现中国特色社会主义法治优势；严格依法按程序进行，才能有效维护宪法尊严和权威；充分发扬民主、广泛凝聚共识，才能确保反映人民意志、得到人民拥护；坚持对宪法只作部分修改、不作大改的原则，才能保持宪法的连续性、稳定性、权威性。①

2018 年 3 月 11 日，十三届全国人大一次会议通过《中华人民共和国宪法修正案》，把党的十九大确定的重大理论观点和重大方针政策，特别是习近平新时代中国特色社会主义思想载入宪法，体现了党和国家事业发展的新成就、新经验、新要求，确认了党和人民在实践中取得的重大理论创新、实践创新、制度创新成果。把“中国共产党领导是中国特色社会主义最本质的特征”载入宪法，为坚持和加强党的全面领导提供了根本制度

---

① 王兆国：《关于〈中华人民共和国宪法修正案（草案）〉的说明》摘要，《人民日报》，2004 年 3 月 9 日。

保障；在国家主席任职规定上作出调整，是健全党和国家领导体制的制度性安排；赋予监察委员会宪法地位，为建立集中统一、权威高效的国家监察体系奠定坚实基础；增加设区的市制定地方性法规的条款，进一步完善了社会主义立法体制。

这次宪法修改是以习近平同志为核心的党中央依法治国、依宪治国的生动实践，充分体现了坚持党的领导、人民当家作主、依法治国有机统一，充分体现了中国特色社会主义的政治优势和制度优势，具有坚实的政治基础、法理基础、实践基础和社会基础。这对全面贯彻党的十九大精神和习近平新时代中国特色社会主义思想，在法治轨道上更好地坚持和发展中国特色社会主义，更好地发挥宪法的国家根本法作用，实现“两个一百年”奋斗目标和中华民族伟大复兴的中国梦而言，具有重大而深远的意义。

三、深化党和国家机构改革，为完善和发展中国特色社会主义制度提供组织保障

党中央历来高度重视党和国家的机构建设和改革。

新中国成立后，我国确立了社会主义基本制度。1981年以来，党中央部门进行了4次改革，国务院机构进行了7次改革，逐步建立起具有我国特点的党和国家机构职能体系。党的十八大以来，以习近平同志为核心的党中央加强党的领导，坚持问题导向，提出一系列深化党和国家机构改革的重要思想。2017年10月，党的十九大明确提出要深化机构和行政体制改革，统筹考虑各类机构设置，科学配置党政部门及内设机构权力、明确职责。

为推进国家治理体系和治理能力现代化的深刻变革，2018年2月召开的党的十九届三中全会研究了深化党和国家机构改革方案。全会通过了《中共中央关于深化党和国家机构改革的决定》和《深化党和国家机构改革方案》。这次全会对深化党和国家机构改革作出了四个方面的部署：完善党的全面领导制度；优化政府机构设置和职能配置；统筹党政军群机构改革；合理设置地方机构。

习近平指出："我们党要更好领导人民进行伟大斗

争、建设伟大工程、推进伟大事业、实现伟大梦想，必须加快推进国家治理体系和治理能力现代化，努力形成更加成熟、更加定型的中国特色社会主义制度。这是摆在我们党面前的一项重大任务。”[①] 党和国家机构改革，以加强党的全面领导为统领，以国家治理体系和治理能力现代化为导向，以推进党和国家机构职能优化协同高效为着力点，改革机构设置，优化职能配置，深化转职能、转方式、转作风，提高效率效能，为决胜全面建成小康社会、开启全面建设社会主义现代化国家新征程、实现中华民族伟大复兴的中国梦提供有力制度保障。

2018 年 3 月 17 日，十三届全国人大一次会议通过《关于国务院机构改革方案的决定》。3 月 21 日，中共中央印发《深化党和国家机构改革方案》。方案包括深化中共中央机构、全国人大机构改革、国务院机构、全国政协机构、行政执法体制、跨军地、群团组织、地方

---

① 习近平：《关于〈中共中央关于坚持和完善中国特色社会主义制度推进国家治理体系和治理能力现代化若干重大问题的决定〉的说明》，《人民日报》，2019 年 11 月 6 日。

机构八方面改革。经过一年多的时间，这场系统性、整体性、重构性的党和国家机构改革全面推进，全新的党和国家机构职能体系快速形成。

党的十九届三中全会闭幕后，各地区、各部门加大统的力度、明确改的章法、做好人的工作、执行严的纪律，按照《深化党和国家机构改革方案》要求，结合实际，坚决落实。2019 年 7 月 5 日，深化党和国家机构改革总结会议在北京召开。短短一年多时间，十九届三中全会部署的改革任务总体完成，取得一系列重要理论成果、制度成果、实践成果。

2019 年 7 月 5 日，习近平在深化党和国家机构改革总结会议上对深化党和国家机构改革提出了新要求，强调深化党和国家机构改革是对党和国家组织结构和管理体制的一次系统性、整体性重构。[①] 整体性推进中央和地方各级各类机构改革，重构性健全党的领导体系、政府治理体系、武装力量体系、群团工作体系，系统性增

① 《巩固党和国家机构改革成果推进国家治理体系和治理能力现代化》，《人民日报》，2019 年 7 月 6 日。

强党的领导力、政府执行力、武装力量战斗力、群团组织活力，初步建立适应新时代要求的党和国家机构职能体系主体框架，为完善和发展中国特色社会主义制度，推进国家治理体系和治理能力现代化提供了有力组织保障。

四、开辟全面建设中国特色社会主义制度新境界

经国序民，正其制度。在各方面形成一整套更加成熟更加定型的制度，是我们党治国理政的重要目标。党的十九届二中全会审议通过了中共中央《关于修改宪法部分内容的建议》，十九届三中全会就深化党和国家机构改革作出部署，提出了“必须加快推进国家治理体系和治理能力现代化，努力形成更加成熟、更加定型的中国特色社会主义制度”的重大任务要求。这些都为党的十九届四中全会最终通过《关于坚持和完善中国特色社会主义制度　推进国家治理体系和治理能力现代化若干重大问题的决定》打下了坚实的基础。从“人民对美好生活的向往”出发，那些“国家治理体系和治理能力现代化急需的制度、满足人民对美好生活新期待必备的制

度”也逐渐建立和发展起来。

2019年10月，党的十九届四中全会在北京举行，在新中国成立70周年之际，在“两个一百年”奋斗目标历史交汇点上，召开了一次具有开创性、里程碑意义的重要会议。全会审议通过的《决定》明确指出，“中国特色社会主义制度是党和人民在长期实践探索中形成的科学制度体系，我国国家治理一切工作和活动都依照中国特色社会主义制度展开”[①]。《决定》擘画了“中国之治”的宏伟蓝图，为坚持和完善中国特色社会主义制度、推进国家治理体系和治理能力现代化指明了努力方向，为推动各方面制度更加成熟更加定型明确了时间表、路线图，在全面总结中国特色社会主义制度的显著优势的基础上，开辟了全面制度建设的新境界。

《决定》是新时代开辟全面制度建设的宣言书，在《决定》18000字的全文当中，“制度”出现了222次。用一次中央全会专门研究国家制度和治理问题并作出决

① 《十九大以来重要文献选编》中，中央文献出版社2021年版，第269页。

定，这在我们党的历史上还是第一次。《决定》全面回答了在我国国家制度和国家治理体系上应该“坚持和巩固什么、完善和发展什么”这个重大政治问题。同时，《决定》还从国家制度和国家治理的高度完整地描绘了从 13 个显著优势到 13 项制度规划的全景图，并对 55 项制度建设提出了具体的任务要求，明确了各项制度必须坚持和巩固的根本点、完善和发展的方向。可以说，《决定》是中国共产党历史上最完整，也是最全面的制度建设宣言，庄严地宣告了中国特色社会主义制度建设的新时代。

《决定》明确了新时代制度建设的时间表，同“两个一百年”联系起来，进一步确立了坚持和完善中国特色社会主义制度、推进国家治理体系和治理能力现代化的总体目标，《决定》指出“到我们党成立一百年时，在各方面制度更加成熟更加定型上取得明显成效；到二〇三五年，各方面制度更加完善，基本实现国家治理体系和治理能力现代化；到新中国成立一百年时，全面实现国家治理体系和治理能力现代化，使中国特色社会主义制度更加巩固、优越性充分展现”。中国特色社会主义制度就像一棵参天大树，是严密完整的科学制度体系。起枝干作用的是中国特色社会主义根本制度、基本制度、重要制度，构建起国家制度和治理体系的总体框架。这次全会系统梳理和集成升华了党和国家各方面的制度，描绘了坚持和完善中国特色社会主义制度的宏伟蓝图，为实现中华民族伟大复兴提供了坚强制度保障。①

习近平对党的十九大前后全面深化改革和重大制度创新的接续推进进行阐释：“党的十九届四中全会和党的十八届三中全会历史逻辑一脉相承、理论逻辑相互支撑、实践逻辑环环相扣，目标指向一以贯之，重大部署接续递进。党的十九届四中全会不仅系统集成了党的十八届三中全会以来全面深化改革的理论成果、制度成果、实践成果，而且对新时代全面深化改革勾勒出更加清晰的顶层设计。”②

---

① 《十九大以来重要文献选编》中，中央文献出版社 2021 年版，第 272 页。

② 习近平：《落实党的十九届四中全会重要举措继续全面深化改革实现有机衔接融会贯通》，《人民日报》，2019 年 11 月 27 日。

把中国特色社会主义制度坚持好、完善好、发展好，使其更加成熟、更加定型，是关系党和国家事业发展的根本性、全局性、长期性问题。这是当代中国共产党人必须回答的时代课题。从形成更加成熟更加定型的制度看，我国社会主义实践前半程的主要历史任务是建立社会主义基本制度，并在这个基础上进行改革，现在已经有了很好的基础。我国社会主义实践后半程的主要历史任务是完善和发展中国特色社会主义制度，为党和国家事业发展、为人民幸福安康、为社会和谐稳定、为国家长治久安提供一整套更完备、更稳定、更管用的制度体系。党的十九届四中全会是中国特色社会主义制度建设的里程碑，开启了中国特色社会主义制度建设的新时代，对于推动国家治理体系和治理能力现代化将产生深远影响。

中国特色社会主义进入新时代以来，中国特色社会主义制度不断完善，国家治理体系和治理能力现代化进程加快。新时代中国特色社会主义制度建设的基本成就是，确立了习近平新时代中国特色社会主义思想，为新时代党的制度建设提供了思想基础；建设系统完备、科学规范、运行有效的中国特色社会主义制度体系，全面进入制度建设新时代；加强系统治理、依法治理、综合治理、源头治理，推进了国家治理体系与治理能力的现代化，使得制度优势更好地转化为治理效能。

五、如期实现全面建成小康社会彰显制度优势

全面建成小康社会，是中国共产党向人民、向历史作出的庄严承诺。党的十八大以来特别是“十三五”期间，面对错综复杂的国际形势、艰巨繁重的国内改革发展稳定任务特别是新冠肺炎疫情的严重冲击，以习近平同志为核心的党中央不忘初心、牢记使命，团结带领全党全国各族人民砥砺前行、开拓创新，奋发有为推进党和国家各项事业，坚决打赢脱贫攻坚战，在中华大地上如期全面建成了小康社会，进一步体现出中国特色社会主义制度的显著优势。

2020 年伊始，一场突如其来的新冠肺炎疫情肆虐中华大地。这次疫情是新中国成立以来我国遭遇的传播速度最快、感染范围最广、防控难度最大的一次重大突

发公共卫生事件，也是百年来全球发生的最严重的传染病大流行，是对国家制度体系和治理能力的一次大考验。

中国特色社会主义制度是一切为了人民、人民当家作主的制度。密切联系群众、紧紧依靠人民推动国家发展是我国国家制度和国家治理体系的显著优势。新冠肺炎疫情发生后，党中央将疫情防控作为头等大事来抓，以习近平同志为核心的党中央高度重视，坚持把人民生命安全和身体健康放在第一位，提出坚定信心、同舟共济、科学防治、精准施策的总要求，全面加强党对疫情防控工作的集中统一领导，展现出坚定的政治决心，出色的领导能力、应对能力、组织动员能力等，充分彰显了我国国家制度和国家治理体系的独特政治优势。

坚持全面依法治国，是制度之治最基本最稳定最可靠的保障。习近平总书记强调，“在法治轨道上统筹推进各项防控工作，全面提高依法防控、依法治理能力，保障疫情防控工作顺利开展，维护社会大局稳定”[1]。在疫情防控关键阶段，彰显全面依法治国的制度优势，做到依法科学有序防控，发挥法治对疫情防控的引领、规范、保障作用。2020年2月5日，中央全面依法治国委员会第三次会议审议通过《中央全面依法治国委员会关于依法防控新型冠状病毒感染肺炎疫情、切实保障人民群众生命健康安全的意见》，在应对风险挑战中提升能力，在处置重大突发事件中推进法治政府建设，提高依法执政、依法行政水平。在以习近平同志为核心的党中央坚强领导下，建立了中央统一指挥、统一协调、统一调度，各地方各方面各负其责、协调配合，集中统一、上下协同、运行高效的指挥体系；构建了全民参与的联防联控、群防群控的严密防控体系；建立严格的疫情发布机制。建立多层次多渠道多平台信息发布机制，依法、及时、公开、透明发布疫情信息；组织协调全国优势科研力量，统筹全国和疫情重灾区，坚持科研、临

---

① 习近平：《全面提高依法防控依法治理能力　健全国家公共卫生应急管理体系》，《求是》，2020年第5期。

床、防控一线相互协同和产学研各方紧密配合，为疫情防控提供了有力科技支撑。

坚持全国一盘棋，调动各方面积极性，集中力量办大事，是社会主义优越性的重要体现，是我国国家制度和国家治理体系的又一显著优势。打赢疫情防控阻击战，同样离不开这一制度优势的发挥。疫情发生以来，在以习近平同志为核心的党中央坚强领导下，坚持全国一盘棋，运用举国体制，举全国之力全力应对，形成抗击病魔的强大合力。一支支满怀仁心的医疗队、一辆辆装满物资的支援车，陆续奔赴湖北和武汉；“中国加油”“武汉加油”的口号响彻神州；火神山、雷神山医院拔地而起。中国应对疫情行动速度之快、规模之大，世所罕见，展现出中国速度、中国规模、中国效率，赢得国际社会高度赞誉。这种强大动员能力背后的奥秘，正是我们能够集中力量办大事的制度优势。

疫情防控阻击战取得重大战略成果，维护了人民生命安全和身体健康，统筹推进疫情防控和经济社会发展工作取得积极成效，为维护地区和世界公共卫生安全作出了重要贡献。美国有线电视新闻网（CNN）、《俄罗斯报》等外媒纷纷用“史无前例”来赞赏中方的积极应对。德国《世界报》网站援引专家观点认为中国制度在危机形势下效力巨大。世界卫生组织总干事谭德塞评价说：“中方行动速度之快、规模之大，世所罕见，展现出中国速度、中国规模、中国效率，我们对此表示高度赞赏。这是中国制度的优势，有关经验值得其他国家借鉴。”习近平指出，抗击新冠肺炎疫情斗争取得重大战略成果，充分展现了中国共产党领导和我国社会主义制度的显著优势，充分展现了中国人民和中华民族的伟大力量，充分展现了中华文明的深厚底蕴，充分展现了中国负责任大国的自觉担当。[①]

面对百年不遇的重大考验，以习近平同志为核心的党中央坚持人民至上、生命至上，以非常之举应对非常之事，在世界上率先控制住疫情蔓延，率先复工复产，率先实现经济增长由负转正，全面建成小康社会取得伟

① 习近平：《在全国抗击新冠肺炎疫情表彰大会上的讲话》，《人民日报》，2020年10月16日。

大历史性成就，脱贫攻坚目标任务如期完成。2020 年，中国经济总量突破百万亿大关，全年国内生产总值达 101.6 万亿元[①]，人均国内生产总值再次突破 1 万美元，在全球主要经济体中唯一实现经济正增长，走出了一条令世界惊叹的 V 形曲线，成为推动全球经济复苏的主要力量，展现了我国经济的强大韧性和抗冲击能力。在迎来中国共产党成立 100 周年的重要时刻，我国脱贫攻坚战取得了全面胜利，现行标准下 9899 万农村贫困人口全部脱贫，区域性整体贫困得到解决，完成了消除绝对贫困的艰巨任务。改革开放以来，按照现行贫困标准计算，我国 7.7 亿农村贫困人口摆脱贫困；按照世界银行国际贫困标准，我国减贫人口占同期全球减贫人口的 70% 以上。[②] 在人类文明发展史上，没有哪一个国家能在这么短的时间内实现几亿人脱贫，没有任何一种国家

---

① 国家统计局:《中华人民共和国 2020 年国民经济和社会发展统计公报》,《人民日报》，2021 年 3 月 1 日。

② 习近平:《在全国脱贫攻坚总结表彰大会上的讲话》,《人民日报》，2021 年 2 月 26 日。

制度和国家治理体系能够在这样短的历史时期内创造出我国取得的经济快速发展、社会长期稳定这样的奇迹。

2021 年 7 月 1 日，习近平在庆祝中国共产党成立 100 周年大会上庄严宣告：“经过全党全国各族人民持续奋斗，我们实现了第一个百年奋斗目标，在中华大地上全面建成了小康社会。”如期全面建成小康社会，标志着第一个百年奋斗目标的圆满完成，实现了近代以来中华民族从大幅落后到大踏步赶上时代前列的新跨越，为实现中华民族伟大复兴提供了充满活力的体制保证和快速发展的物质条件。

制度事关根本，关乎长远，制度是关系党和国家事业发展的根本性、全局性、稳定性、长期性问题。习近平指出：“制度优势是一个政党、一个国家的最大优势。”[1] 新中国成立 70 多年来，中华民族之所以能迎来从站起来、富起来到强起来的伟大飞跃，之所以能创造了世所罕见的经济快速发展奇迹和社会长期稳定奇迹，之

① 《习近平谈治国理政》第 3 卷，外文出版社 2020 年版，第 543 页。

所以能前所未有地走近世界舞台中央，之所以能迎来中华民族伟大复兴的光明前景，最根本的原因是中国共产党领导人民建立和完善了中国特色社会主义制度，形成和发展了以马克思主义为指导、植根中国大地、具有深厚中华文化根基、深得人民拥护的制度和治理体系。

中国共产党把马克思主义基本原理同中国具体实际结合起来，在古老的东方大国建立起保证人民当家作主的新型国家制度，使中国特色社会主义制度成为具有强大生命力和巨大优越性的制度和治理体系，能够持续推动拥有 14 亿多人口的大国进步和发展、确保拥有 5000 多年文明史的中华民族实现“两个一百年”奋斗目标进而实现伟大复兴的制度和治理体系，也为发展中国家走向现代化提供了全新选择，为人类探索建设更好社会制度贡献了中国智慧和中国方案。

后　记

本书为李正华研究员负责的2020年度马克思主义理论研究和建设工程特别委托项目、国家社科基金特别委托项目“中国特色社会主义制度的历史逻辑、理论逻辑、实践逻辑”（项目主持人姜辉、批准号2020MYB003）之子课题“中国特色社会主义制度的历史逻辑”的最终成果，蒙居安思危·世界社会主义小丛书编委会的支持，被列入居安思危·世界社会主义小丛书出版。

本书大纲由课题组成员集体讨论确定，各章由课题组成员分别负责，其中刘仓研究员执笔第一、二、三章，李正华研究员执笔第四、五章，吴超研究员执笔第六、七、八章，李正华研究员审定了全部书稿。书中存在的不足或错误，敬请读者批评指正。

本书的出版，得到了中国社会科学院原副院长、当代中国研究所原所长姜辉研究员，居安思危·世界社会主义小丛书编委会，当代中国出版社原副总编辑张永编审的指导和帮助，当代中国出版社副总编辑王茵、总编辑助理刘文科、编辑沈秋彤为本书的出版做了大量工作，借此机会一并表示衷心的感谢！

李正华

2024 年 7 月 3 日

居安思危·世界社会主义小丛书
（已出书目）

序号	作者	书名	审稿人
		第一辑	
1	李慎明	忧患百姓忧患党 ——毛泽东关于党不变质思想探寻	侯惠勤
2	陈之骅	俄国十月社会主义革命	王正泉
3	毛相麟	古巴：本土的可行的社会主义	徐世澄
4	徐世澄	当代拉丁美洲的社会主义思潮与实践	毛相麟
5	姜　辉 于海青	西方世界中的社会主义思潮	徐崇温
6	何秉孟 李　千	新自由主义评析	王立强
7	周新城	民主社会主义评析	陈之骅
8	梁　柱	历史虚无主义评析	张树华
9	汪亭友	“普世价值”评析	周新城
10	王正泉	戈尔巴乔夫与“人道的民主的 社会主义”	陈之骅

序号	作者	书　名	审稿人
		第二辑	
11	王伟光	马克思主义与社会主义的历史命运	侯惠勤
12	李慎明	居安思危：苏共亡党的历史教训	课题组
13	李　捷	毛泽东对新中国的历史贡献	陈之骅
14	靳辉明 李瑞琴	《共产党宣言》与世界社会主义	陈之骅
15	李崇富	毛泽东与马克思主义中国化	樊建新
16	罗文东	中国特色社会主义理论与实践	姜　辉
17	吴恩远	苏联历史几个争论焦点真相	张树华
18	张树华 单　超	俄罗斯的私有化	周新城
19	谷源洋	越南社会主义定向革新	张加祥
20	朱继东	查韦斯的“21世纪社会主义”	徐世澄
21	卫建林	全球化与共产党	姜　辉
22	徐崇温	怎样认识民主社会主义	陈之骅
		第三辑	
23	王伟光	谈谈民主、国家、阶级和专政	姜　辉
24	刘国光	中国经济体制改革的方向问题	樊建新
25	有林等	抽象的人性论剖析	李崇富
26	侯惠勤	中国道路和中国模式	李崇富

序号	作者	书 名	审稿人
27	周新城	社会主义在探索中不断前进	陈之骅
28	顾玉兰	列宁帝国主义论及其当代价值	姜 辉
29	刘淑春	俄罗斯联邦共产党二十年	陈之骅
30	柴尚金	老挝：在革新中腾飞	陈定辉
31	迟方旭	建国后毛泽东对中国法治建设的创造性贡献	樊建新
32	李艳艳	西方文明东进战略与中国应对	于 沛
		第四辑	
33	王伟光	纵论意识形态问题	姜 辉
34	朱佳木	中国特色社会主义纵横谈	朱峻峰
35	姜 辉	21 世纪世界社会主义的新特点	陈之骅
36	樊建新	我国社会主义初级阶段的基本经济制度	周新城
37	周新城	当代中国马克思主义政治经济学的若干理论问题	樊建新
38	赵常庆	社会主义在哈萨克斯坦的兴衰	陈之骅
39	李东朗	中国共产党是抗日战争的中流砥柱	张海鹏
40	王正泉	苏联伟大卫国战争	陈之骅
41	于海青 童 晋	欧洲共产党与反法西斯抵抗运动 ——镌刻史册的伟大贡献	姜 辉
42	张 剑	社会主义与生态文明	李崇富

序号	作者	书　名	审稿人
		第五辑	
43	王伟光	新时代中国特色社会主义的理论成果	陈之骅
44	朱佳木	同历史虚无主义思潮斗争的有力思想武器	朱峻峰
45	程恩富 段学慧	《资本论》与社会主义建设	周新城
46	李崇富	谈谈列宁主义	陈之骅
47	张树华	苏联共产党意识形态工作的教训	吴恩远
48	石镇平	马克思的社会主义观	周新城
49	王　广	马克思主义与全面依法治国	侯惠勤
50	李艳艳	美国互联网政治意识形态输出战略与应对	于　沛
51	雷虹艳	美国的社会主义运动与思潮	姜　辉
52	章忠民等	解码新时代中国特色社会主义	程恩富
		第六辑	
53	李慎明	“依法治国”的十个理论问题	程恩富
54	朱佳木	中华人民共和国史编研的若干基本问题	陈之骅
55	徐世澄	古巴经济和社会模式的更新	毛相麟
56	侯惠勤	中国特色社会主义的哲学坚守与创新	李景源

序号	作者	书　名	审稿人
57	李包庚等	人类命运共同体：破解全球治理危机的中国方案	汪亭友
58	于　军 张　弦	“一带一路”倡议与构建人类命运共同体	樊建新
59	李晓燕	21 世纪西方新社会运动的新特点和新趋势	姜　辉
60	童　晋	国外左翼学者的社会主义观	程恩富
		第七辑	
61	马细谱	三个南斯拉夫	陈之骅
62	陈之骅	巴黎公社：世界上第一个无产阶级政权 ——纪念巴黎公社革命 150 周年	汪亭友
63	程恩富 朱炳元	恩格斯对马克思主义政治经济学的重大贡献	余　斌
64	王伟光	百年未有之大变局下国际时局的哲学研判	陈之骅
65	孙　夺	列宁对伯恩施坦主义批判的政治学思考	陈之骅
66	张文木	美国帝国主义是资本主义的没落阶段	姜　辉
67	李　捷	从五条脉络看百年党史（上）	龚　云
68	李　捷	从五条脉络看百年党史（下）	龚　云

序号	作者	书名	审稿人
69	王传利	共产党人的信仰坚守和顽强斗争	程恩富
70	朱佳木	社会主义的初级阶段与初级阶段的社会主义	樊建新

第八辑

序号	作者	书名	审稿人
71	李慎明等	苏联亡党亡国的根本原因、教训与启示	陈之骅
72	李正华等	中国社会主义制度简史	龚　云